JN301377

法政大学教授
王敏 著

美しい日本の心

三和書籍

はじめに　「キツネ」への問いかけが日本を知る道案内

韓国人の友人が、日本に来て「きつねうどん」、「きつねそば」というメニューを目にして大変驚いたと話してくれた。なぜなら韓国では、「キツネ」は「ずる賢い」という悪いイメージがあり、おいしそうな麺料理とは結びつかないからである。友人は「キツネ」という動物に対するイメージが日韓で全く異なることに気がついたらしい。

この話を聞きながら、筆者がかつて抱いた問いと全く同じだと思った。それは、一九七九年のこと、中国の重慶にある四川外国語学院の大学院で学んでいたころ、筆者は宮沢賢治と出会い、その作品に登場した「キツネ」の人間ぶりに、やはり大変驚いたのである。

宮沢賢治が心象風景を描いた代表作のひとつに、『雪渡り』という作品がある。「雪がすっかり凍って大理石よりも固くなり、空も冷たいなめらかな青い石の板でできてゐる……」ような日に、「四郎とかん子は小さな雪沓をはいてキックキックキック」と野原を歩いている。ふたりの声につられるように現れたのは、白い子狐の紺三郎だ。雪が降り積もった森の中で繰り広げられた人間と狐の歌の交流は深まる。四郎とかん子は「異文化」交歓広場（トポス）である幻灯会に招待され、感動的な交歓を体験して、そして狐たちに見送られて森を出るという雪の日の物語だ。

はじめて『雪渡り』を読んだ時の驚きは、人間の子どもたちが「キツネ」と仲良く過ごすという不思議さからであり、中国人の「キツネ」に対する一般的なイメージと異なるものだったからだ。作品の中で「キツネ」が果たしている役割とはいったい何か考え続けた。「キツネ」は中国では良いイメージはない。韓国と同じで「ずる賢い」とおもわれている。人間に化けて何か悪さをするようなことも思い浮かぶ。このイメージは、中国の伝統的な文化に深く関係しているといえる。

東晋時代（三一二—四二〇）の怪奇譚集『捜神記』には「狐というものは先古の淫婦なり」という記述がある。白居易（七七二—八四六）の詩には、美人の容色に惑わされることを戒めた詩として、「古塚狐　戒艶色也」という表現がある。

古塚の狐、妖にして且つ老いたり
化して婦人と為って顔色好し

頭は雲鬟に変じ面は粧に変ず
大尾曳いて長紅裳と作る

ここでも女性に化けて悪さをするのは「キツネ」だ。また、宋代（九六〇―一二七九）の『太平広記』には「キツネ」が女性に化けて男を惑わす伝承をもつことが記されており、それが明代の『封神演義』へと発展した。そのほかにも「キツネ」にまつわる民話は多数あるが、いずれも人を騙して悪さをするずる賢い存在で、中国人の動物観のひとつの象徴ともいえるだろう。それゆえ、賢治の作品に描かれた子どもと狐の心温まる交流は、日本と中国で「キツネ」に対するイメージがこれほど違うものかと感じたのだ。同じ漢字を使う日本は、中国文化の影響を受けていると言われているが、「キツネ」を通して日本と中国の間には似ているようで実際には違うものがほかにもっとあるに違いないと考える。

一九八一年秋、四川外国語学院大学院を修了するにあたって、卒業論文として筆者が選んだのは宮沢賢治だった。賢治の作品に登場する動物たちは、まるで異文化圏に生活する生き物のように、人間と等身大で描かれているのが最大の特徴だ。はからずも中国で初めての宮沢賢治研究となった筆者の論文は、賢治の作品に登場する動物に焦点を当てたものだ。賢治が動物を通して作品で伝えたかったことは、異なる文化の調和を強調し、無知をなくすための探究的姿勢をとる必要性だと思う。生物と生物、生物と自然、こうした宇宙のありとあらゆるものが、相互の立場を確認し合い、共生・共存の共同生活体を守っていかなければならない、ということなのだろう。賢治の作品に登場した「キツネ」を通して教えられたことは「賢治ショック」とも言うべきもので、大いに探求心を高められたように思う。

「キツネ」との縁はほかにもあった。一九九二年のこと、偶然にも手にしたお弁当の包装紙に「九尾の狐」が描かれていた。九つの尾をもつ狐が日本の文献に登場したのは、室町時代の一四四四（文安元）年に出された『下学集』という辞書だったようだ。

日本における九尾狐伝説の源流のひとつは、室町時代の謡曲「殺生石」に由来し、その後物語の世界でも『玉藻記』『玉も（藻）（の前）』という作品が誕生している。中国や西域の伝承をもとにしているが、高貴な人の毛皮を玉藻と言っていたところ、その毛皮がキツネの皮だったことからキツネと玉藻が結びついたように思われる。玉藻を寵愛した鳥羽院が不思議な病にかかり寝込んでしまう。これを悪霊のたたりと見た陰陽師の安倍晴明が玉藻にとりついた九尾狐を追い払い、九尾狐はやがて殺生石になるという話だ。九尾狐伝説は江戸時代になってさま

『山海経』の九尾狐

玉藻前草子絵巻

ざまに脚色されたが、共通しているのは中国における妖怪性を薄めて、錦絵的な物語として江戸の庶民に流布したのである。中国では悪辣非道を尽くした九尾の狐が、日本に渡るとおとなしくなり、お弁当の包装紙の絵柄として描かれているのはどうしてだろうかという疑問がわいた。

さまざまな「キツネ」のイメージを、それぞれの特徴をはっきりさせていくことによって、むしろ日本と中国の文化が交錯しながら融合するという形態ができたといえよう。

「キツネ」のイメージに対する問いかけは、文化の交流、文化の混合、文化の交差という形態について考察する大きなきっかけとなった。日本と中国の文化は同文同種のように言われ、「アジア文化」としてひとくくりにされることもあるが、相互の文化には相違もあれば融合もあることは「キツネ」の比較に学んだのである。

長く日本で生活しても、日本文化を知れば知るほどに、いかにそれまでの理解が表面的なものだったかということを思い知らされ、知っているつもりの自分が謙虚にならなければいけないと思うことが多い。現実に対する認識の変化は文化人類学の参与の手法と日中比較文化という研究の手法にも大きな影響をもたらした。謙虚に学ぶということを常に考えながら、日本文化研究と日中文化関係の研究に取り組んできたつもりだが、「知る」ということは自分がいかに「知らない」かということを認識する過程でもある。

日本で生活し、調査・研究を続け、生活者の視点で体験したこと、見聞きしたこと、手にしたものをたしかめ分析することを通じて日本を知り、そして同時に中国を知るという「双方向」の研究姿勢は、おのずと「対の研究」となっている。東アジアにおける文化関係の研究につながるこれまでの研究成果の一部をできるだけわかりやすく、また読み物としても幅広い年齢層の読者の関心に応え得るようにまとめ直しながら、現在の日本と中国の文化関係を再論したのが本書である。「キツネ」への問いかけから始まった物語をぜひご一読頂いて、読者の皆様の忌憚ない意見をお聞かせ頂ければ幸せである。

美しい日本の心

目次

第2章　真似る日本の成功

第3章 「鉄面皮」の中国と「変節」する日本

第4章　急激な西洋化と日中交流の先駆者

第5章　日中の愛国心の違い

第6章　地域性を認識するために

第1章　美の感性優先の思考

１「感じたまま」

いま、教室で、学生たちの目の前に絵画作品が壁に掛かっているとしよう。先生が文章題を出した。「感じたままを書きなさい」と言ったとする。なんの不思議もない。「見たままを」と言いかえても同じである。しかし、これを「考えたままを書きなさい」と言うと、学生たちから怪訝な顔つきをされるに違いない。「感じたまま」なら「すばらしい」「かわいい」「色づかいがすてき」といった個人的な印象を書けば十分なことが多い。どういう印象かを要求されていると思うのがふつうである。

思索した結果を書くとなるとどうだろう。絵画表現の歴史的な流れに位置づけて小論風にかきあげたりするだろう。しかし、「考えたまま」という言い方はしない。日本語として仰々しくなってしまうかららしい。それで「感じたまま」を極めて広義の意味で使っている。ここから、いつも不思議に思う日本人の語法が連想された。それは、英語なら「私は思う（I think）」というところを、日本人は「私は……と感じています」というのがごくふつうであることだ。外国人には解せない言い方である。

2　エモーショナル

「感じる」語法を解く鍵はないのか。

知日派で知られるグレゴリー・クラークさんの洞察が見逃せない。イギリス生まれのオーストラリア育ち。オーストラリア外務官として中国に長期滞在したあと、新聞社特派員として来日して住みついた。上智大教授から多摩大学長の経歴を持ち、日中両国語を話すことができる。隣国である日本と中国の社会から受ける印象がまったく違うことに驚き、日本人から中国や欧米とは異質の国民性を探りだした。その本質を日本人論として発表している。

中国が紀元前から日本に与えた文化的影響は多大なものがあるが、両者の精神構造（メンタリティ）は著しく違っている。……私なりの経験からいえば、一見西欧化した日本人よりも中国…（人）…の方が、欧米的な波長をもっている……きわめてイデオロギー的で原理主義的、つまり合理主義を強調する……

韓国と日本を比較した場合……韓国人は……イデオロギー的でもあり、儒教やキリスト教

にも強く影響され……原理原則に厳しい民族でもあるので、われわれ欧米人には理解しやすい

（いずれも『誤解される日本人』講談社）

クラークさんは、日本人の本質を英語でいうなら「エモーショナル」というしかないという。「感情的」と訳されては正確に伝わらない。「感性的」という訳をあてるのが正確のように思う。

日本人の信じられないようなこの吸収力……。イデオロギーで動く社会は、エモーションの面では受容的だが、知的には排他的である。集団主義的社会は、エモーションの面では排他的だが、知的にはきわめて受容的なのである。

（『日本人　ユニークさの源泉』「知的吸収性とエモーションの壁」サイマル出版会）

クラークさんは感性を優先する習性の要素として集団主義をあげている。「集団主義的社会」というのが日本の社会の特徴であることはいうまでもない。反対に「イデオロギー社会」は中

国のことでもあり欧米社会でもある。中国がアヘン戦争（一八四〇―一八四二）敗北の教訓をすぐに生かせず、日本に比べて近代化で遅れをとった基本的な原因は、中国人の理屈好きにあると考えるのが正しいであろう。

日本人も一人ひとり個性があるから、原理原則主義の人がいてもおかしくない。総体としては、感性でものごとを受けとめて対応することを訓練する社会文化であっても、これに反発して個性として思想中心に動く人が出てくるのは当然である。逆に、西洋人に感性的な習性のついたケースがあっても不思議ではない。おそらく、ラフカディオ・ハーンは欧米人の中では感性的な個性であったかもしれない。

二つ目の日本人の習性として、語り手と聞き手の共感による意思疎通がある。日本人の間では以心伝心で済まし得ることが多い。感性は言葉なしに意思を伝達し合う絆である。言葉以上に感性が活躍する以心伝心は、外国人からみれば秘術に満ちた異次元の表現世界に見える。

3　愛に理屈がなく、原理原則のない世界

日本人は宗教心がないのではない。西洋的な意味での宗教心がないというだけである。列島の恵まれた自然風土の中で養った日本人特有の自然融合感（後述）として信仰心を持ち続けてきた。新春の訪れと同時に日本人全体を行動に移す初詣は日本人の信仰心を表している。クリスマスイブに教会に向かうことがキリスト教徒の篤信とされるが、日本全国をまきこむ初詣という「民族移動」は外国人を驚かすに十分である。初詣抜きに日本人は考えられない。日本文化の中の信仰そして初詣を再認識すべきであろう。日本人は霊山に向かうのも、ご来光を拝むのも、神域に入り込んだような感性を共通して体験しているはずである。現場にいることによって共通の感性を体感しているというのが日本人特有の集団心理に通底するとみられる。

つれそう日本人の夫婦には言葉がなくとも愛でつながっているとされる。中国では愛しあうほどそれに比例してよく語りあうのがふつうである。日本人の若い二人づれは言葉を交わさなくても愛を成就させるらしい。反対に、やむをえない事情で会えない時間が延びるにつれ愛情が冷めていくことにもなるのはよくあるらしい。一緒に時間と感性を共有しているという体験

がお互いの絆をつくっているのであろう。共生、共感といってよい。感性の産物である。日本の小説の主流として「私小説」というジャンルを生んだことの説明がつく。私小説ほど、感じたままをベースにした表現芸術はないと思われる。

日本人の体験は感性に記憶される。悲惨な体験も当事者の感性に刻み込まれるが、感性というものは言葉に表しにくい。人から人へ感性を伝えることができるとすれば疑似体験しかない。似たような体験をもとに、その悲惨な場面を想像しながら感性化する。つくりだした感性がそのひとなりの記憶になると思われる。歳月が経つにつれ体験者は減って、体験した人の感性も薄れていく。結果として日本人の戦争体験が薄れていくことにもなる。

原理原則を重くみる習性の中国や韓国では、正義に反する言動には厳しい。その不正が明らかになったときから激しい言葉で糾弾する。糾弾の語調は激化していく。旧日本軍の戦争行為を批判するときも同様である。批判すべきものとして結論づけて批判概念を構築していく。いったん構築された概念は一つの建築物のように簡単には壊れない。司馬遼太郎氏が「中国では思想が習俗化し、人間および人間社会の骨髄にまで思想が入り込んでしまう」(『日本歴史を点検する』「日本人の意識の底」講談社）と語っているのはこのことであろう。言葉は理解を伴わなければ伝わらない。言葉による伝達は継承のシステム化が敷かれると次代へも同じ構造で継承されていく。そのとき感性は言葉に付属した位置関係にあることは強調していいだろう。

4　記憶が薄れる感性系

時間の経過とともに記憶が薄れがちな感性系と、原則を言葉で確認して忘れにくい理性系の違いが認識されていないと、誤解が積み重なって、わだかまりが固定化するのは当然である。日中、日韓の間の歴史認識の問題と向かいあうには、単なる歴史事実の理解の違いだけではなく、根っこに文化の本質的な違いを知ることが前提になる。それは、国民のアイデンティティーの違いと通底しているという認識と結びつく必要がある。

感性優先思考であることが認識されていないために、結局日本人に悲劇をもたらしている。帰国子女の「不幸」は、ある程度まで外国で育ち、原理原則の習性を自分のものにして日本で生活を始めたとき、感性優先の文化とのギャップに戸惑うことになる。文化の性質の違いという認識が一般化すれば、帰国子女の適応の問題にも対処法が生まれるはずである。中国残留孤児の日本社会復帰問題も同じところに原因を求めなければ解決しないであろう。ほかに多くの日本社会で発生している新たな困難は感性系と理性系のズレに留意した分析によって適切な対処法が見つかる可能性があるように思う。たとえば、キレる現象や精神病などの現代病は社会と個人の関係でいえば、文化と個性の関係とみなすことができる。日本人のアイデンティティーを受け入れられない人間群が生まれているからであろうと思う。

5 大義・正義にかなう生き方

儒教は、国家と国民に求める正しい関係として、大義を重視する教えである。

中国史では王権の交代はつねに大義の獲得を伴った。平和裏に交代が進む禅譲も、武力による争奪も、どちらも大儀への道筋である。中国大陸に初めて統一をもたらした秦が短命で滅びたあと、後継をめぐって劉邦と項羽の二大英雄が五年間争った楚漢戦争はどちらが大儀を手中にするか、であった。項羽は大国・楚の王室の流れを継ぐ王であった。正統を重んじる儒教に則った『史記』の著者・司馬遷が項羽に同情したのも当然であった。

日本における弱者や敗者を惜しむ「判官贔屓」とは対照的である。判官とは今の裁判官と警察官を合わせたような職名だった。この職を賜った源義経（一一五九―一一八九）が自ら「九郎判官」と名乗ったため、義経の代名詞とみなされるようになったという。武功の天才といわれ、平家を倒してわずか四年後、兄・頼朝に追われて死ななければならなかった。静御前との愛を全うできなかった。多くの忠臣が壮絶な死を遂げている。これで、義経は圧倒的な権勢に追い詰められた悲劇の英雄として語られてきた。兄弟愛より武士政権樹立の論理のほうを選んだ頼朝は嫌われる。

たしかに、義経は三十歳そこそこの若さで死んだ。愛する静御前と一緒になれなかったことも同情に値する。しかし中国人なら、どう見るだろうか。私情による好き嫌いではなく、大義・正義にかなう生き方をしたか、こういう視点で見ようとする。儒教の教えが歴史を見つめる視点になっている。英雄として評価するには大義・正義に忠実だったかどうか、必ず検証することになる。多くの日本人は、義経の悲劇的な末路を知っているけれども、どういう考えをもっていたか義経自体の思想を問題にすることは少ない。歴史人物評価の基準が個性や人柄を中心にしているからだと思われる。

6　憎まれ続ける曹操像およびその変化

正史『三国志』を見てみよう。後漢の滅亡後、魏・呉・蜀の三国が鼎立した三世紀の六〇年間の記録である。勝ち残ることになる魏の基礎をつくった曹操は人気がない。十二世紀、南宋の朱熹が「どうみても賊だ」（『朱子語録』）と決めつけたのも悪役の曹操像の固定化に大きな影響を与えた。『三国志』を著した晋の陳寿（二三三—二九七）も儒教思想に忠実である。勝敗を基準にしていない。この正史では、負けた「蜀」編にもっとも力を入れて書いているとされる。実は『三国志』全六五巻のうち「蜀志」は一五巻しかなく、もっとも少ない。が、陳寿は、儒教の理想に誠実な人物として蜀の四人の英雄、劉備、関羽、張飛の三傑と諸葛孔明に同情を寄せ、彼らの活躍を詳細に書き残して、極めて異彩を放っている。このことから儒教思想をこの英雄四人を通して多くの中国人が学んできた。四人が輝きを増せば、敵役の曹操は反比例して憎まれる。

なかでも関羽は中国人の信仰を一身に集める。曹操に囚われの身となったとき、曹操がその器量に惚れ込んで召抱えたくなった。しかし関羽は、劉備に背くことはできないと断わった。曹操軍の戦いに出陣して戦果を上げることで厚遇された恩を返した上で劉備のもとに帰った。

「身在曹営心在漢（心ここに在らず）」の節操を守り通して「天下の義士」の誉れを得た。「義烈忠勇」の士とも称えられる。各地に建立された関帝廟がにぎわうのも無理ないのである。

二〇年ほど前、中国で評判を呼んだテレビドラマ「曹操」には再評価へのきっかけになるシーンがいくつもあったが、曹操の一般像を逆転するほどの変化は起きなかった。

中国で簡単に変わらない曹操像は歴史認識の日中の違いを際立たせる。史実評価の正当性がふつうとされる中国人の見方と韓国人の見方は大事なところで共通する。

歴史上の人物見直しは、儒教が体質化した中国ではあまり考えられない。日本では小説や映画で、歴史上の人物の見直しがよくなされる。歴史的出来事も新しい見方が出される。読者も視聴者も史実の相対化による再評価を当然のように受け入れている。ひょっとすると、歴史の見直しが好きなのかもしれない。歴史家、作家の数だけ、歴史観が成り立つとされる。歴史上の偉人、出来事に限らず、現在の人物や出来事に対しても見直し、再評価を躊躇しない。大抵の中国人は、歴史上の人物が正義とされたり悪人とされたり、歴史観がいくつも成り立つことを聞いて、どういうことか分からないに違いない。

曹操についても日本では、三好徹氏が評価し直した見方で『興亡三国志』（集英社、一九九七）を著している。天下を制した人物にはそれなりの器量があったと見たからである。曹操は漢詩の才も秀でたものがあった。

ただし、特に近年では、中国における曹操像にも変化の兆しがみられる。二〇一〇年三月二十三日の朝日新聞に「『曹操の墓』の真偽決着へ　曹さん一〇〇〇人ＤＮＡ分析」と題する記事が掲載された。曹一族に対してマイナスイメージがあった時代には考えられないことであり、中国における曹操評価の変化の動きを教えてくれる事実だと言える。その深層には、中国人の目線が多様になってきた現実があり、これまでの中国に対する現状認識の調整が求められる証左となる事例でもあろう。

7　歴史上の人物評価の基準

一人の作家と作品の登場で、人物像が変化した典型が徳川家康だといわれる。家康は豊臣秀吉に比べて人気が低かった。山岡荘八氏（一九〇七―一九七八）が超大作『徳川家康』を書き続けてベストセラーになった。一九六〇年代に家康ブームが起きている。文庫本で二六冊にもなる大長編で、一説には世界最長の小説といわれているらしい。「狸親父」と酷評されてきて謀略家というそれまでのイメージを変え、平和を求める理想主義者として描いたという。その後、山岡氏による家康像は、長編漫画になり、テレビドラマ化もされた。再評価によって、歴

「曹操の墓」の真偽決着へ

曹さん1000人 DNA分析

【広州＝小林哲】中国河南省で発見され、本物かどうか論争になっている三国志の英雄・曹操（155～220）の墓をめぐり、DNA鑑定で真偽に決着をつける計画が中国で進んでいる。中国全土の「曹」の姓をもつ男性から血液を集め、墓から出た遺体のDNAと比べて検証する。中国で歴史検証にDNA鑑定が利用されるのは珍しい。

計画しているのは、上海・復旦大の人類遺伝学の専門家らの研究チーム。男性の「曹さん」約1千人の血液を集めて、父親から息子にのみ受け継がれるDNA配列を調べる。曹以外の姓を持つ男性のデータと比べ、曹一族に特徴的なDNA配列を特定。墓から見つかった曹操とみられる60歳前後の男性遺体の骨から抽出するDNAと比較する。

本来、曹操と血縁関係にある人物のDNAと照合すれば、本人かどうかを高い確率で特定できるが、曹操本人や血縁者のDNAサンプルは残っておらず、この通常の鑑定法では検証できない。

曹操には文献などに記載があるだけで20人以上の息子がおり、現在の中国に約770万人いるという曹の姓を持つ人に子孫が多く含まれるとみられる。研究チームは、墓の主が遺伝子レベルで曹一族と確認されれば、墓から出土した考古学上の証拠と合わせて、本人とほぼ断定できるとみている。逆に遺伝子が曹一族と関係なければ偽の疑いが強くなる。

論争になっている墓は昨年末、河南省当局が「曹操のものである可能性が高い」と発表。だが、何度か盗掘に遭っており「観光地化を狙った地元のでっちあげでは」といった疑いの声も上がっていた。

朝日新聞朝刊 2010. 3. 23

史の偉人として家康の人気が一般的にもアップして、今では秀吉並みらしい。

　これに対し、中国で歴史上の人物見直しがあまり考えられない例を宋代で見てみよう。宋代は北方民族に脅され続け愛国者を輩出した。統一王朝の北宋が終焉し、亡命政権として誕生した南宋（一一二七—一二七九）の初めと

岳飛
出典：『晩笑堂竹荘畫傳』

終わりで、国民史的愛国者が相次いで活躍している。そろって悲惨な最期を迎えたので、中国人の崇敬心は尋常でない。

　一人は、岳飛（一一〇三—一一四二）である。北宋王朝を滅亡に追いやり南に逃げた王朝を脅かす「金」と徹底抗戦を叫んだ。もともとは農民。救国を志して一兵卒から大軍の将になった。これを好ましく思わなかったのが講和を進めようとした宰相の秦檜（一〇九〇—一一五五）である。勝ち戦さの連続で意気あがる岳飛を戦場から引き揚げさせて、あげくに、拘束し

て獄中で毒殺してしまった。

岳飛は三十九歳の若さ。大義の遂行を中断された上での不遇な死だった。南宋の都だった杭州にある「岳王廟」は彼を慕う後世の産物である。一武将が死後「王」の称号を授けられたことでも裏付けられる。中国人は、秦檜に対しては恨み、侮辱の念が強い。岳王廟を入れば、鉄の柵に囲まれて秦檜夫妻の像に気付く。ちょうど岳飛の墓前で、岳飛に向かって跪き後ろ手にしばられてさらされている。つばを吐きかける中国人が跡を絶たない。九百年以上たった今でも人々は不忠を責め続けている。「死者に鞭打つ」のである。

文天祥
出典：『晩笑堂竹荘畫傳』

もう一人は南宋末の忠臣・文天祥（一二三六―一二八二）である。高等官吏採用試験「科挙」を受けトップで進士に合格した秀才で、地方長官であったときに元（モンゴル）軍の攻撃に立ち上がる。私財をなげうって兵をつのり、都の臨安（現・杭州）に駆けつけた。都の陥落後は、二年近く単騎少数の兵でゲリラ戦を続けたものの捕虜になる。元軍の武将がその毅然たる将の器量に惚れこみ何度も帰順を勧めたという。しかし、変節に通じるとして帰順を断固拒み、身柄は大都（現・北京）に送られてから三年後に処刑された。彼は「吾、父母を守ること能わずといえども、人に父母にそむくことを説くこと可ならんや」と、毅然たる態度を失わなかった。節度をついに守り通し、処刑も怖れなかったとされている。

有名な「正気《せいき》の歌」を遺した——

天地　正気　有り、
雑然として　流形に　賦す。
下れば則ち　河嶽と為り、
上れば則ち　日星と為る。
人に於いては　浩然と　曰ひ、
沛乎として　蒼冥に　沛《み》つ。
皇路　清夷に　當れば、
和を含み　明庭に　吐く……

大義に生きた彼の人物像を髣髴とさせる詩であることは疑いない。「正気」は「せいき」と日本語読みすれば天地にみなぎる気の意味とされる（「しょうき」なら精神が正常なこと）。千古の絶唱として大陸のみならず台湾の高校の国語教科書にも採用されている。

処刑後、文天祥の帯の中から遺言が見つかった。それには「孔曰成仁、孟曰取義、惟其義尽、所以仁至、読聖賢書、所学何事、而今而後、庶幾無愧」（傍点は筆者）とあった。『論語』に「志士仁人は、生を求めて以て仁を害することなし。身を殺して以て仁を成すこと有り」（衛霊公第一五）、また『孟子』に「生も亦我が欲する所なり。義も亦我が欲する所なり。二者兼ねることを得可からずんば、生を舍てて義を取る者なり」（傍点は筆者）とあり、文天祥はこの教えに殉じたのである。

文天祥の「正気歌」は中国人の心をつかんで離さず、今は若い世代がこれを口ずさみ、これからも文天祥が国民史の英雄として不動であり続けることを疑う中国人はおそらくいまい。

このように岳飛と文天祥への崇敬は延々と引き継がれ、このことは中国人の歴史偉人に対する評価が変わりにくい好例であろう。

8　朱舜水の「亡命」

江戸時代前期、「明室」復興を願った儒教の大家、朱舜水（一六〇〇―一六八二）には、母国を捨てさせて亡命を決意させた日本人との出会いがあった。朱舜水が仕官を断り続けたことはよく知られている。窮屈な官途を嫌ったからとされるが、中国支配を強める満州族の清王朝に抗して日本に支援を求めた。明朝再興をめざした鄭成功（一六二四―一六六二）が南京決戦に敗れたあと、朱舜水は一六五九年、祖国を離れる決意を固め、何度も訪れた長崎に渡った。朱舜水はすでに六十歳の老いの身であったが、柳川藩の儒者、安東守約（省庵）は温かく迎え、師と仰いだ。幕府の鎖国策は徹底していてふつうでは朱舜水の居住許可は降りない。安東は年棒二〇〇石のうち半分を提供して生活を支える一方、永住が許可されるように奔走した。徳川光圀（一六二八―一七〇〇）の目に留まって、朱舜水の永住がかなうことになる。「亡命」である。

日本は中華の国土ではない。儒教に忠実だった朱舜水からみれば東夷に身を寄せることを儒教にそむく考えと思わなかったはずはない。亡命して永住させたのは何だったのか。儒教を熱心に学ぼうとする東夷の人々に強く惹かれたのであろうと想像できるのである。儒教を広めた

朱舜水に名づけられた後楽園

い朱舜水を満足させる向学心の土壌があったからだと思われる。

朱舜水は中国・浙江省の地方名家の出である。幼少から聡明さを認められ、学問を積んだが、成人したころには明王朝は傾き、政界における綱紀の緩みが覆いがたくなっていた。王朝再興の期待がむなしいと分かって、毅然として東夷に学問の道を敷く生き方に切り替えたにちがいない。遺文の「嗚乎忠臣楠子之墓」碑文や東京の「小石川後楽園」という庭園命名など、朱舜水の功績の跡は多い。儒家として強烈な印象を残したからであろう。

考えてみれば中国では、偉大な儒家と認め

られれば政治のプロとして扱われる。政治家や官僚が古来崇敬されてきたのも儒教の師であったからである。政治倫理抜きの倫理道徳は考えられない。朱舜水も政治主導の思考を旨とした。孔孟の教えも「礼楽の治」に収斂される。文化と芸術の世界も政治と絡まる。政治的問題に無関心が許されて文化芸術三昧に耽ることのできる日本とは大違いである。

この差異について気づくようになるまで時間がかかる。また、美意識に没頭できる日本的価値観に外国人が気付くようになるのは住み着いてからのことが多い。

表面的には華やかさの少ないのが日本の芸術である。生活文化の奥に隠れているものに気づきにくい。たいていの外国人には日本文化の内面は見逃される。自己主張がはっきりした文化に慣れ親しんだ目からは、没個性的と見られるのがふつうである。日本で没するまで二十余年、朱舜水は中国文化と似ている面にほっとしたであろうが、似て非なる日本文化の特徴にどこまで気付いたであろうか。

9 「衣装としての思想」（「異端」のない日本）

「転向」という言葉が日本では「変節」と同一視されて使われている。この転向が日本とは何か、日本人とはどういう文化的特徴をもっているか、日本文化と日本人を知るきっかけを提供してくれる。

いったい、転向とはどう定義づけすればいいのか。

本来、転向とは、世界観的な機軸としての『正統』と『異端』という二つの極が成り立つ精神風土のもとでの、思想・信条の一方から他方への、宗教的・倫理的な苦痛を伴った移動をいう（『近代日本思想史の基礎知識』有斐閣、一九七一）

「思想・信条の一方から他方への……移動」であるという。思想が原理原則として機能している社会ではこの定義はあたっている。しかし、思想に対する日本の風土は相対化を基本にしている。原則的な価値観を求める姿勢は弱い。「正統」か「異端」か、日本の社会はこの結論を出すことを避けているところがある。他律的な行動規範が公然とまかり通っても、その非を責められないところがある。転向の定義が日本社会においては的を射ていないことが分かる。それで、日本における転向に当てはまる解説が展開されている。

日本における転向は著しく特殊な様相を呈する。何故なら、本来、『正統』を構成すべき内なる超越的な原理が不在の、日本特有の精神風土のもとでは、『異端』もありえないし、したがって、内なる思想・信条の移動としての転向もありえない。あるとすれば、衣装としての思想の移動という、思想の物理があるのである。日本的転向概念の一つとして『偽装転向』なるものが成立するのは、このような精神風土の固有性に根ざしている（同上）

転向に寛容な日本社会の性格を指摘した解説である。なかでも「衣装としての思想」という表現に引かれる。日本人と思想の関係を言い当てていると思われるからだ。

10　無思想の国

「思想は外からやってくる」と考えるのが日本人、という言い方をよく聞く。技術にしても思想にしても手段とみなして着替えていく。

養老孟司氏が実に簡潔明瞭に説いている。「必要ならなにかの思想を借りておけばいい。その借り物がとことん具合が悪くなったら、『取り替えれば済む』。それが明治維新であり、戦後ではないか」（『無思想の発見』ちくま新書、二〇〇五）。「日本人はたいてい無宗教、無思想、無哲学と主張する。それが日本の宗教、日本の思想、日本の哲学である」「無思想という思想は捨てたものではない」という。「そろそろ借り物の思想を棚上げにして、自分のからだで経験し、自分の頭で考えてはどうか」と同じ本で指摘している。

養老氏によると、『般若心経』全文二六六字のうち「無」という字が二一あるという。「これこそ無思想の思想そのものである」としている。この「無思想の思想」はいつから成り立ったのだろうか。歴史をさかのぼって体験することが不可能である以上、推測により仏教が伝わる以前、儒教が渡来する以前、原始の「原日本人」の精神文化を推察するしかない。「祇園精舎の鐘の声、諸行無常の響きあり。娑羅双樹の花の色、盛者必衰のことわりをあらわす……」。「無」を尊い悟りと自覚したとき、この国民的な古典文学『平家物語』が生まれたという。

日本人は無常観が好きである。「盛者必衰のことわり」を自然に受け入れているところがある。昔も今も変らない日本人の心情かもしれない。般若心経が普遍的な背景であり、「無」に思想の無意味さをも汲み取ったと思われる。

また、中江兆民も日本人に「哲学がない」と語った。評論家大宅壮一も『中央公論』に「無思想人宣言」（一九五五年五月号）を発表した。いろいろな機会で、日本に思想がないと話していたと言われる。加藤典洋も『日本の無思想』（平凡社新書、一九九九）を書いた。夏目漱石が晩年に書いた悟りの言葉「則天去私」もおそらく「無思想」に立脚せざるを得ない心情の発露だろう。思想家丸山眞男もはっきりと『日本の思想』（岩波書店、一九六一）で「日本に思想がない」と明言した。

日本人は「形」を重んじていると言われる。茶道や華道、剣道や柔道などは、日本の伝統的な「道」である。「形」「型」の意味を思想として論じるのは困難なことであるため、説明を初めからあきらめて、ひたすら「型」への昇華をはかったのかもしれない。

無思想の思想はどこに向かうのか。美意識の形成と無関係ではあるまい。一斉に咲いて短い命を散らす桜こそ、日本人の美意識の極致かもしれない。日本の相対化した思想という衣装は四季に合わせて着替えるために、いくつあっても許される。流行を追うところまで似ている。日本人は思想の厚着も恐れない。

11　豹変を繰り返す日本

一つの思想を絶対化した文化では、その思想をその文化の血液とし、遺伝子にしている。体質化した文化に異文化を注入することはむずかしい。とくに相反する思想に転換すれば「裏切り」とされ、変節に等しい処遇を覚悟しなければならない。激しい思想闘争を伴うのも必然になる。中国史上では、仏教と儒教との間で何度も闘争があったが、中国社会は儒教主軸を変えなかった。広大な領土と巨大な総人口の中国をまとめあげてきた儒教の功績ははかりしれない。中国史における少数民族による政権としては、もっとも長く続いたのが満族の清王朝（一六一六―一九一二）である。原理原則で動く中国社会にあわせ、満族は自ら儒教の申し子としてへりくだり、中国文化を共有したことが一番の理由である。自分たちの習俗習慣すら捨てた。

明治維新は中国の学校教育においても取り上げられる。アジアで最初に近代化に成功した国として日本を評価する。アジアに進出した西洋との接触は中国の方が早く、中国に向けられた脅威も日本よりはるかに強大であったことを教えられる。なのに、なぜ中国の近代化が遅れたのか。著名な映画監督の陳凱歌氏が「日本の急速な近代化　私には謎」（二〇〇七年八月二十八日付朝日新聞「歴史は生きている」）と書いている。戦後生まれの五十五歳である。文化大革命のときに青春を送った。近代化をめぐる日中の相違はたいていの中国人が抱く素朴な疑問である。「明治維新がなければ、日本は滅びたかもしれない。私にとって謎なのは、他の国なら二〇〇～三〇〇年かかる変化が、ペリー来航から三〇年ほどで日本でおきたことだ」と率直に述べている。

中国の洋務運動のリーダーが李鴻章（一八二三―一九〇一）だった。一八七六（明治九）年一月、中国公使として赴任した森有礼（一八四七―一八八九）が挨拶に出向いた。李は中国服、森は洋服で向き合った。洋務派ですら、衣冠は祖先の遺制であり簡単に変えるべきでないと李は伝統の服に固執していた。洋服の着用を見て、独立精神を失ったものとみなして「恥ずかしく思われませんか」といぶかしんだ。森は、「日本は従来から各国の長所を摂取する、恥ずかしがることはありません」と答えた。李は、同じ儒教文化圏とみていた日本が何もかも西洋化を疾走しているので、森に「西洋の学問と中国の学問とどっちが役に立つか」と聞いたところ、曖昧を嫌った森は、「中国の学問は三分しか役に立たず、七分は古臭いもので無用になった」とはっきり答えた。そこで、李が「それなら日本は西洋から七分を学んだのか」と聞くと、森は「五分にも足りない」と言う。（鄭永寧書記官が）「衣冠さえ変えたのに、どうして五分にもならなかったのか」と聞くと、「ただ上辺の技芸を学んだだけで、西洋のように、自分の頭脳から方法を考え出せる者はひとりもいない」と答えた。中国でよく知られているこの話は一九三二年に出た中国の文献・故宮博物館編『清光緒朝中日交渉資料』巻二に載っている。イギリスに留学した経験がある森は欧化主義者といわれる。日本語を英語に替えることも主張したという。

李が、日本の明治維新後の変わり身の速さを冷ややかに見つめていたことがうかがえるようだ。満族と日本人が重なっていたかもしれない。原則とみなす思想が間違いと思わないうちは別の思想に乗り換えることはとうてい考えられない。儒教を捨てることは中国人を止めることにも通じると思ったはずである。謎と言った陳監督によれば、豹変を繰り返す日本について「民族の特徴として、失敗から学ぶ点があると思う。白村江の戦い（六六三年）で唐に学び、ペリー来航で西洋に学び、第二次大戦の敗戦で米国に学んだ」と、好意的である。

幕末・明治維新を画して儒教から西洋思想に乗り換えたり、戦争の敗北によって急激に民主主義国家に変貌できたりした日本の謎解きにこう答えをだしたわけである。しかし、「失敗から学ぶ」のは日本民族だけではない。

有思想という基本的なスタンスに立つ文化から見れば「束縛のない日本」（ジョン・ネイサ

ン『無約束的日本』中国・華東師範大学出版社、二〇〇五）はたいへん寛容で、自由な社会である。窮屈さがない社会である。一方、見方を替えれば放任的で、無原則な社会にみえても仕方がないと思われる。転向を許容する社会の思想土壌は、思想の多様と混在を受け入れる文化であろう。逆に言えば、思想形成に「甘え」を許し、軽薄な印象はぬぐえない。

果たして近代化をもたらした西洋思想もまた日本人にとっては着替えの服でしかないのではないか。西洋文明を懸命に摂取してきた日本。しかし、どんなに西洋文明に学んでも西洋と変わらない文化の国になることはできない。

一般的に、キリスト教、イスラム教、儒教文化圏の人々は、思想や原理原則を放棄する仕掛けを持っていない。思想は取り替え可能なものという発想がなかったからであろう。思想がなくては言うことも行動することも混乱してしまう精神構造になっている。

ただし、現代人の思考パターンは変わってきている。特に冷戦崩壊後の二十世紀末に生まれた若者が思想や原理原則について、誠実にとりくむ姿勢がなくなった。この若者の変化について関心のある方には拙著を三冊紹介させていただく。『「意」の文化と「情」の文化——中国における日本研究』（中公叢書、二〇〇四）、『ほんとうは日本に憧れている中国人——反日感情の「深層分析」』（ＰＨＰ新書、二〇〇五）、『中国人の愛国心――日本人とは違う五つの思考回路』（ＰＨＰ新書、二〇〇五）。

12　美的生活

中国文化の影響を受けてきた日本文化をどう見ていけばいいのか。影響を受けてきた経緯があるため、日本は中国に似たところがある。類似に目が奪われれば独自に変化したところに気付かなくなる。文化の個性を見逃さないことが肝要である。文化の個性を客観的に観察できる眼をもたなければ、日本文化研究の意義が失われる恐れがあろう。

日本研究はえてして中国文化との共通性にすぐに目移りして、個性を見逃しがちになる。中国人による日本研究が現在の成果をあげるまでには幾多の先駆者の苦行が不可欠であった。周作人はその先駆者の一人である。日本文化を理解するうえでのヒントを見よう。彼は、夏目漱石の『吾輩は猫である』について日本語の有する感覚の世界まで解説した人物なので、説得力をもってくる。

私たちが家にいたり外を歩いたりするときはもっぱら便服を着る。便服姿こそが私たちの真相だ。日本を見とどけたければ、うちかけに両刀差しのいかめしい姿をためつすがめつするよりも、茶を飲んだり草花をいじったりしているところを見るに限る……日本の国民性の長所は私見によれば……人情こまやかなるところにあるのだ……このような心情こそが日本の最大の長所であって、私どもにその文化を親しみ深く感じさせるところのものだ

（周作人著、本山英雄編訳『日本談義集』「日本の人情美」平凡社・東洋文庫）

日本に固有の文明があるといっても何ら差し支えはなく、それは芸術と生活の面において特に顕著である

（同上「日本文化を語る手紙」）

このように言い切っている。即ち、中国を比較対象にする場合、日本の特徴は芸術と生活の分野から抽出しやすいと指し示しているのである。周作人の観察眼に映った日本の生活文化を具体的に見てみよう。

学生の住むところは四畳半が多い……小机を買って来て、あと座布団の二、三枚も揃えれ

ば立派に住めるのだ。机に向かって読み書きする際など、前後左右どこにでも本や紙を置けるから、部屋全体が大きな書卓のようなものだ。
（同上「日本管窺」）
習俗も……好きだ……清潔なこと、礼儀正しいこと、洒脱なこと
（同上「東京を思う」）

周作人

日本式の暮らしにすっかりくつろぐ周作人の姿が想像できるようである。同時代の中国留学生たちの中にも同様な日本文化発見に至った人たちがいた。『中国人の日本研究』（六興出版、一九八九）はそのうちのいくつかを集めて、清末から戦前までの留学生による日本観を紹介している。町を歩けば、花を愛する生活文化に感嘆した。玄関先のちょっとした隙間にも草花が植えられていること、塀の

上には鉢植えが並べられていること、椿やサザンカの生垣という境界は中国では見られないこと……家ごとの咲き競う花々に目を奪われたらしい。これはなにげない普段着の日本美である。うっかりすると見逃されてしまう美的生活という価値観である。彼らの観察が生活の芸術化という見方に近い分析値を出していた。よって、彼らの日本観は日本の真相に極めて近く、美的生活文化に凝縮されている。

13　生活に美的感性があふれる

日本の美に魅力を感じたのは東洋人ばかりではなかった。幕末、英国外交官ホジソンの夫人が母国の親族に書き送った手紙を紹介したい。夫たちから、長崎は美しい町と聞かされて幼い娘と連れ立って歩いたときの女性の目で見た長崎の印象である。『外国人の見た日本』（筑摩書房、一九六一）に収録されている。

どの店のたたみも隅から隅まで清潔……みんな全くきれいできちんと整っていて、主人も家族も、さっぱりした、上等なみなりをしていました開国した直後の日本を訪れた西洋人は、日本の家屋と店先の清潔なことに見事に一様な印象を書き残している。豪華な飾りがなくとも、こぎれいな店内のようすが伝わってくる。現在なら、ショッピング街でショーウインドーのガラスが汚れていなくて透き通っていることを連想させる。手の空いたときにはガラスを磨くというこまめな店員たちがいるからである。

他の国に比べれば、日本の生活文化は美的感性にあふれている。突出している。それは一定の訓練や教育を経て身につくところもあるが、その文化に備わった原初的本能もある。それは空気のように、水のように、日本人ならふつうに共有して、無意識に表現しあっているものである。また、ほとんど意識しなくても、行動の、言論の原点になっている。したがって、特定の出来事や行為を通して感じ取る必要もなく、日常生活の隅々からおのずと表れてくる。日本人の生活観、人生観、価値観の基本に通底している。外から見る場合、気付かないところからの日本発見になる。小さいところから日本人が最高の価値に置いている基本・美感覚を知ることができる。

美輪明宏さんはふだんから辛口の社会批評をされる人として知られている。日本文化と日本人観について「すべての日本人の細胞には脈々と受け継がれる美意識のＤＮＡが組み込まれている」（二〇〇七年八月八日付朝日新聞夕刊）と語っている。簡潔に特徴をとらえた見方と思われる。自然、生活感あふれる日本の美意識があるからこそ、「ゴッホやモネ、マネ、チャップリン、アインシュタインをはじめ、世界中の天才があこがれた国」であったと、誇らしげに語った。

14　美的感覚が原理原則を追いやる

日本的生活美の展開を眺めると、特に二人の創意によって成熟に向かわせたと思われる。安土桃山時代の武将、古田織部（一五四三―一六二五）が千利休の高弟で茶人でもあったことは知られている。焼き物に目覚めて「織部焼き」と世に言われるスタイルを生み出したが、均斉美と無縁なところが特徴になっている。天目茶碗の場合、周縁にでこぼこのあるのが特徴である。ときには、欠けたあとを接着したようないびつさが目に留まることもある。しかし、その自然な不器用さが美になっているという。

この美の流れが明治後期以降、日本伝統美の復活として位置づけられる「民芸」に昇華した。柳宗悦（一八八九―一九六一）の提唱した運動という。民衆の使う日常品に美しさを再発見した意義は大きいが、芸術の生活化、美的生活の日常化をみごとにレベルアップさせていた。陶磁器や漆器など普段使いの品々、日用雑器にも美感覚が活きていることは和食の「見る食事」の風格に触れたときに、外国人にも理解できそうだと思っている。

日本人は生活全体をベースに美を崇めてきている故に、美感覚は大きい風呂敷のごとく、なにもかも束ねている。抽象的な政治概念から具体的な営みまで、信仰も文化も価値基準も、漢字と漢文までも美感覚の袋に収納してしまうのである。

そのために相対的に見れば、他国に比べると日本では実利が絡む政治、経済行為と精神性の高い文化との二重構造の交差現象の存在が可能になっている。このような思考が文化や芸術への深い憧憬を美感覚に相乗させ、生活全般に広く深く浸透させている。結果的に生活の芸術化を無意識のうちに培養した。一方、美感覚の蓄積が、思考のベースと化していき、政治感覚の基礎として生かされているのである。こうして美感覚が放射状に広がり、日本人の感性の核になっていると思われる。美感覚が働いていると、原理原則の入る余地がなくなり、理念も情緒もすべて美感覚という風呂敷に包まれてしまいがちである。

15　先入観なく文化をみる

「死」の行為そのものにまで美の価値を求めるのが日本人である。現に、ノーベル賞受賞者川端康成から、政争の中で二〇〇七年五月に自殺した農林水産大臣まで、その死は美との関係で論じられることが多い。また、社会ニュースの一家心中事件をみても、残された家族や親族、関係者ら周辺に迷惑をかければばたいがい非難される。子どもが一緒でかわいそうとか、多額の負債を残したままとか、もっぱら迷惑ぐあいに話題が集まる。第三者にとって背景の原因はとうてい分からないからであろう。身辺を整理していれば同情されるところが日本的である。突き詰めればきっととくに武士道によって醸成されている死の美学が浮き彫りになる。

思想の衣替えも美感覚に結びつければ、なにかが見える節がある。美感覚は理屈ではない日本人特有の感性的な産物である。日本では人を評価する場合も、美感覚を元にする教養と人となりが重要とされ、その人の思想や理念よりも優先されがちだ。つまり、中国とは対照的に、生活全般に渡る繊細な感性による人間関係を重視している。

したがって、人と理解し合うには人間性を正直に話すことが不可欠である。価値基準を求める日本研究は、日本文化の正確な理解を妨げる。昔、東洋に押し寄せた宣教師をはじめ、近世の西洋人たちの多くが日本人の思想を抽出しようとして失敗した。

日本文化はじかに触れてその内面が見えてくる。文化と直接体験する文化人類学が日本文化を知るうえで有効な手法である。体系化されている理論に基づく先入観や、倫理的主張を第一義とする見方を控えるべきであるということだ。研究対象の視線に下りきらなければ正しい像は見えてこない。多くの外国人にとって自己の日ごろの倫理道徳の基準を払拭することほど難しいものはない。インドの哲学に無の観念があるが、こういう空っぽの心が日本文化に接するときの心構えとして必要かもしれない。まるっきり違う価値観に気付くなら、その外国人の日本文化の観察はほんものである。そして、何でもない日常生活や日常雑器に注意が行き届くようになればすばらしいだろう。日常に日本文化の特徴があることを発見できれば日本研究の出発点になる。

中国文化は儒教の影響を抜きには考えられない。伝統的な仁義礼智信による徳の発露を第一義に考えるように教えられ、大義に生きようと心がけるようにとふだんの生活の中で教えられる。日本研究の先駆者戴季陶や周作人は、日本文化を一つの文化として見つめた。生まれ育った中国文化を絶対的な視点とすることはなく、謙虚に日本の生活から理解しようと努めた。「世間」と人情に溶け込み、自然と親しむ生活様式を日本文化の特徴であると見抜いていたのである。

16　理解に心構えが要る日本文化

日本人の原風景が美を核心とする自然景観に求められるなら、中国人の原風景は原理原則を先行させる儒教的環境といえるだろう。中国革命の父、孫文にしても、民衆に覇道を廃し王道の実現を説くとき儒教を念頭に置いている。「王道」という言葉に徳による統治の意味を含ませていた。ふつうには理念先行の思考様式が中国人の美意識のパターンとみなすことができるのである。二種類の美感覚を繰り返して対比した上で、戴季陶が次のように観察を纏めた。

「日本趣味を、徳性、品格について分析してみると、『崇高』、『偉大』、『幽雅』、『精緻』の四つの品性のうち、豊富なのは『幽雅』と『精緻』であり、欠けるのは『偉大』と『崇高』、とくに『偉大』である」

日中文化の交錯の中で、戴季陶や周作人は多くの中国人が見落とすところもきちんと観察して、日本人の心の原風景に迫った。中国にない畳の部屋の細部から、神の降臨に供えて日本では必ず木を立てることまで書き記している。実際には竹もよく使われるが、神霊を招きよせる依代《よりしろ》になるものである。

日本では神を祭る時必ず木を立てて神の憑依降臨に供するが、そういうことは中国にはないのである。

（前出の周作人『日本談義集』「祭礼について」）

戴李陶

日本での生活は日本文化発見の旅でもある。日本文化との付き合いは不安になることが多い。日本文化に向き合ってすぐに理解できるところと、説明されてやっと納得できるところといったように、いろいろな側面がある。日本人ならすぐに分かることであっても、外国人には説明が必ず要るものもある。しかし、理解したことが日本人と同じかどうか、比較文化の視点で見極めるようにしていくことが大切だろう。繊細な日本文化を理解するには、理解するほうも繊細にならなければ間違った結果になることが多い。これほど理解のために心構えを要求される文化は、世界でも珍しいに違いない。

17　小泉八雲の心象風景

美感覚構成の諸要素のうち、大きく二つの機軸が存在している。まず、自然を基本にした感性に由来する自然融合感である。自然との触れあいが重要である。

日本人の暮らしをよく観察した小泉八雲（ラフカディオ・ハーン）は一八九〇（明治三十三）年に英語教師として赴任した山陰松江で暮らしているとき、「八百万の神々にささげる祈念」と表現した習慣の風景に心引かれたらしい。かしわ手に関する印象記で、日々深く自然とかかわっている日本人の心に触れる思いである。

八雲の住居は松江城の近くにあった。そんなところでも、近代化のモデル都市の東京と違って、伝統と習慣が色濃く残っていたことが伝わってくる。長くなるが引用してみよう――

やがて、私の家の庭先の、つい目と鼻のさきの川ばたから、かしわ手を打つ音が聞こえてくる……みんなして、太陽の方を向いて、かしわ手を四たび打って、礼拝する。と、その

小泉八雲

時、長い、高い、白い橋の方からも、ほかのかしわ手が、木魂のようにひびいてくる。かしわ手は、遠くの方……美しい小舟の群からも、ひびいてくる。奇妙なかっこうをしたそれらの小舟には、手も足もむき出しにした漁師たちが、金色に染まった東雲の空に向かって、礼拝している姿が見える。もうそのころには、かしわ手の音は、あちこちに数がふえて、しまいには、ほとんど、ポンポン、ポンポンと、つづけざまに鳴り出す。こうして土地の人たちは、誰もかれもみな、朝日にむかって、つまり『お日さん』、すなわち『天照大神』を拝むのである。『こんにちさま。どうか今日も無事息災に、けっこうなお光を頂きまして、この世界を美しくお照らし下さいまし。ありがたや、かたじけなや。』……思いはみな、こうに違いない。……たいていの人は、東から西に向かい、杵築神社の方角にも、かしわ手を打つ。そうかと思うと、つぎからつぎと四方に頭を向けて、八百万の神々の尊称を口のうちに念誦するものも少なくない。
（『外国人の見た日本』「日本の風土」（第三巻・筑摩書房に所収））

明治日本の庶民は自然に感謝しながら暮らしていた。日本人はだれもが朝日に向かっては拝み、夕日に対しても頭を下げた。この庶民生活は消えてしまったのだろうか。そっくり同じ風景に出会うことは不可能になったにしても、自然とともに生活してきた心象風景を日本人は受け継いでいる。だから、今の日本人がこの小泉八雲の心象風景を読んでもほとんど困惑はないはずである。当時の人々と心を重ね合わせることが簡単にできるはずである。断絶していない。一世紀以上経っても日本人の心は変わっていない。

18　初日の出を迎える心情

鎌倉の海辺で二〇〇七年の最初の旭日を迎えたときの景観が忘れられない。日本文化を象徴する迎春の景観に、外国人は、初詣を挙げるが、ぜひとも初日の出も加えた方がいいと思う。
鎌倉の海辺は夜明けと夕焼けを眺める名所だそうだ。あらためて日本の古都・鎌倉が海沿いにあることを知った。鶴岡八幡宮で初詣をすませた大勢の参拝者の流れが、JR駅へ向かわず、もう一つ、南に向かう太い流れがあった。若い人たちが実に多い。この人の流れがいくつかに分かれ、一部は年越し終夜営業の喫茶店に吸い込まれていく。何かを時間待ちしているのだとまもなく分かった。初日の出を待っていた。午前七時すぎを待つのである。

夜が白々としはじめるにつれ、材木座から由比ヶ浜にかけて約三キロの長い砂浜がどんどん人で埋まりだした。襟巻きとコートをしっかり羽織って、海岸の強い風をよける。太陽は少し海に突き出した岬の低い山から昇るらしい。その方向が赤らみだして、すぐに昇ってくると思ったら、なおも待つ。何千人だろう、いや、一万人、二万人かもしれない。市街地の人たちがすべて起き出してきたような錯覚に陥ったほどだ。寒い中じっと立ち続けた。東の空がぐんぐん明るさを増した。一瞬の旭日。「ワーッ」「きれー」、歓声が沸いた。轟音にも聞こえたが、そのあと多くの人が無言で手を合わせている。

初日の出を迎える心情が荘厳さに高揚し、立ち昇る太陽を気高く仕立てる。薄闇から待ち続けた群衆が神々しく迎え入れる感性を共有している。老夫婦も親子連れも若者も、ばらばらに集まった人たちが初日の出を拝む一瞬に一つになっている。これは、日本人がこの列島に住み着いて以来共有してきた心象であろう。

元日の朝というだけで、日本中で日本人がだれの命令でもなく同じ行動をとる。我が家の近くの公園の木陰で、都会では高層ビルの谷間から昇るいつもの日の出を特別な感情で迎えている。

19 体感する「自然融合感」

日本の山を埋め尽くす森林は深い。全土が温帯モンスーン地帯に属して年間を通して雨に恵まれている。潤沢な緑陰をなしている。イギリスの民話の主人公ロビンフッドが活躍する森と比べれば違いは明らかだ。ロビンフッドの森は木々がまばらにしか立っていない。馬に乗ったまま森を駆けられる。森の中で隠れるためには幹の太い木を探さなければならない。木の間には光が差し込み、森の中は明るい。ヨーロッパにほぼ共通する森の景観であろう。中国でも半ば乾燥した北部は森すら少ない。

日本の森は、密植する大木の間も小木が地を覆って繁茂し、森の中全体が薄暗い。静寂と清浄がつくりだされ、相乗して神域の感覚をかもし出している。列島の山地面積はほぼ八割を占める。「島国」というより、日本は「緑の列島」というべきである。森から木を伐り出すだけでなく、植林の習慣が文化として継がれてきた。日本人が、うっそうとした森林景観を共通した感覚にしていることを見逃すわけにはいかない。

「鎮守の杜」は身近な森林である。信仰の対象地が森の景観を必須としているような宗教は世界を見渡しても稀だと思われる。日本の隅々、どんな小さな神社の境内にも木々がある。小さな空き地を満たすにすぎない祠でもかたわらに一、二本の木が懸命に育っている。たいがい神木である。東京都心の「明治神宮」が人工の森づくりに始まったことによっても裏付けられる。明治神宮は外国人からみれば緑の公園だ。

ハイキングや登山を趣味にしている人から、山道を歩いているとき森閑とした雰囲気に出遭って木々に吸い込まれていくような神聖な気分に襲われることがあると聞く。突然手を合わせたくなるという。畏怖の念と神域に踏み込んだという意識の共存しているような感覚だそうである。清浄な気持ちにひたっているに違いない。たいへん素朴な信仰心とみなしていい。

霊山信仰は、初日の出、ご来光や初詣などの信仰と通底している。目前の自然との一体感に浸る心境が共通している。理性が判断して感動するのではない。感性が基盤になっている。明らかに教義とは無縁である。宗教の創始者とも無縁である。絶対者や創造者の概念に飛躍しない。言葉で言い表せるものではない。見た者でないと分からない心の反応である。その場にいなければ体感できない感覚である。素朴な畏怖心であったり、感謝の心であったりというところであろう。重要な要素として指摘したいのは、「体感」である。私なりに名づけた「自然融合感」（自然融合「観」ではない）という感性である。

豊かな自然情景に満たされているのが日本人を包む環境である。自然との関係付けにこだわるのは、日本人の習性になっている。都会人も一日一回は空を見上げて天気を気にする。天気を挨拶言葉にしているだけでも自然にこだわる文化を証明している。

20　自然への憧憬、威圧的造作への反発

私は、宮崎駿氏の一連のアニメ作品について自然融合感を映像化したものと考えている。「風の谷のナウシカ」「天空の城ラピュタ」「千と千尋の神隠し」など、どの作品も子どもから大人まで幅広く人気を集めてきた。森を守る精といった自然保護の精神が作品の柱になっていることで一貫している。ヒロインが自然破壊者と対決して、生命への慈愛、環境との調和、人々の協調の大切さを迫るというのがほぼ決まった展開である。おしなべて森の精という存在が設定されている。これこそ自然融合感の映像化を象徴している。二〇〇九年の話題作「崖の

上のポニョ」は海を舞台にしているが、自然への愛着という考えにおいては同じである。

宮崎氏の作品美術館「ジブリ」は東京近郊にある。近場の公共の緑で知られる井の頭公園に接し、親子連れの人気スポットである。日曜日や祝日はたいへんにぎわう。緑の公園を通ってジブリに着き、館内でアニメ作品の主人公たちと出会っているうちに、大人までが癒された気分になる。

宮崎氏に自然への憧憬があることは作品からうかがえる。これは周囲を圧倒する威圧的な造作への反発に通じている。スペインのバルセロナで建設途上の「聖家族教会」はガウディ（一八五二―一九二六）の設計思想によるものとして有名であるが、「建築家のモニュメントという感じですね」と冷たい視線でとらえている（司馬遼太郎対話選集８『宗教と日本人』「宗教の幹」文春文庫）。世界的な建築にも手厳しい。自然に君臨しようとする建設思想に対する非難であろう。

ジブリは実際に森の保存にも乗り出した。二〇〇七年六月一〇日付『朝日新聞』記事「広がれ〈トトロの森〉」によると、東京都東村山市と埼玉県所沢市に跨る淵の森はアニメ『となりのトトロ』のアイディアを生み出した場所という。宮崎監督がこの森を散策して思案した『となりのトトロ』の原風景を守るために、「淵の森保全連絡協議会」を設立した。宮崎監督らが

「この雑木林をめぐって浮上している宅地化の企画に対抗し、募金を東村山市に寄付」して公有地化が軌道に乗っている。多くの日本人が支えているからだ。

21 自然を詠む詩歌

詩歌は、わずかの言葉に思いを凝集させる文学である。一つの文化の性格を端的に語るものであろう。日本人にもっとも適合した和歌や俳句に自然とのかかわりを詠み込んだものが多いことを軽く見ることはできない。

『万葉集』巻三には、「ももづたふ　磐余の池に　鳴く鴨を　今日のみ見てや　雲隠りなむ」という辞世の句が詠まれている。ここからも日本人は古代から、自然の風土に託して己の生涯を総括するのがもっとも自然体としている。日本における辞世はこのような自然との融合感に彩られている。平安末期の西行法師は有名な「願はくは花の下にて春死なむ　そのきさらぎの望月のころ」と詠んだ。

命を断たねばならなくなったとき、万感の思いを辞世に託す。その人の叫びであろうが、戦いに明け暮れた武将すら自然に仮託して多くの辞世を残している。戦国時代を終わらせた豊臣秀吉は「つゆとおちつゆときへにしわがみかな　なにわの事もゆめの又ゆめ」と詠んだ。江戸時代前期、赤穂浪士の討ち入りは太平の世を破った。四十七士を率いた大石良雄の辞世は「あら楽し思ひは晴るる身は捨つる　うき世の月にかかる雲なし」。

儒学者は時代をリードした知識人だった。江戸初期の藤原惺窩《せいか》（一五六一―一六一九）は朱子学を研究して門人から林羅山らを輩出し、激烈な儒学信奉者であったことは広く知られる。「たがためのよはひをのべて秋かぜや　吹上のきくの色もうらめし」と詠んだ。儒学をもとにした科挙制度を評価して中国を賛美していたにもかかわらず、最期を前にした辞世の歌が日本的だったのはおもしろい。儒教を学んでも日本人の習性が変わらなかったと思われる。

22　「日本人」への回帰

少々、日本人と自然融合感について長くなったかもしれない。くどく書きすぎているという人がきっといるはずである。しかし、よく考えてほしい。明白な事実がある。日本人は学校教育を中心に小さいころから西洋の成果を学ぶことがふつうになった。これはどういうことか。日本人は自分たちを見る眼も西洋化させてきたということである。西洋化は日本だけでなく、非西洋世界に共通する現象には違いないが、日本は極端に急速に西洋化した。振り子を大きく反対の極に振って東洋の文化を顧みることをしなくなった。その結果、日本人が本来的に習性化している自然融合感を意識する機会まで奪われたのではないか。西洋的な視界を意識して除かなければ、日本人本来の視界が展望できない。

意外なところで日本人が日本人に回帰している。多くのひとが気付かないでいるが、「年をとると頑固になる」という現象である。タテマエからホンネにすなおに沿う言動を取れるようになるからだと思われる。自己の気持ちに素直に反応するゆとりが生まれるからでもあろう。

企業活動は西洋的な論理が優先している。「会社人間」や「企業戦士」という人間像は企業論理を刷り込まれてできあがっている。定年とは企業の枠組みからの解放であろう。定年とともに、自分を縛っていた企業論理を逃れてゆったりした気分になる人が多い。出せなかった本来の自分を出し切るときがやってきたのである。定年を境に、たいていの人は日本人への回帰をする。忘れていた日本人のアイデンティティーが頭をもたげ、それと向き合う機会が生まれる。論理的な活動を求められることがなくなり、したいことや好きなことを気ままにできるようになる。

世界的に著名な日本人の指揮者がいる。その人が語ったという。「どうやっても西洋音楽でドイツ人になりきれないことがようやく分かった。私は日本人だった」。日本人のアイデンティティーは西洋化と融合できないところがあると考えるしかない。

生身の自分の欲求のままにできるようになったにもかかわらず、たいていの場合、そのことにも気付かないでいることが多いのは残念なことである。

23　豊かな自然風土が生んだ感性系の体得システム

日本人はアイデンティティーとしての自然融合感を持って生まれてくると言っているのではない。日本人だけがＤＮＡとしてもっているわけがない。人間には多かれ少なかれ、同じ感性として備わっている。しかし、日本文化には自然融合感を創り出し、強く大きく膨らませるモーメントがあるということである。自然融合感を植えつける仕掛けが日本の文化にあると言い換えてもいいと思う。ここで自然融合感という名称はどうでもいいことだ。「感性系の体得システム」という表現のほうが適当かもしれない。この体得を繰り返し訓練し、そのシステムの形成を習性化させるのが日本文化の特徴ではないか、と思われる。

繰り返せば、自然の豊かな風土が日本人の自然融合感を習性化させたといっても過言ではない。豊穣な自然風土が人間を感性化させる土壌である。自然融合感の習性化によって、日本人は対人関係も感性がベースになったと思われる。感性をベースにした記憶は時間の経過とともに薄れるのは道理である。「年月が薬」という日本の俚諺ほど日本人のアイデンティティーに即応したものはない。日本人が忘れやすい、といわれるのも同じである。

「自然融合感」については、二〇〇六年に上梓した朝日新書『日中二〇〇〇年の不理解』も参考にしてほしい。

日本人にとって分かりやすい富士山信仰を例にして話そう。最先端の交通機関である新幹線の車窓から雲もなく完璧な山容を拝む幸運に恵まれると、感嘆の声よりも先に手を合わせて拝む人が必ずいるということである。

日本人のアイデンティティーを理解する鍵として、この素朴な信仰心をみたい。森林という自然に身を置くうちに環境に融けこんでいく精神的状況が出現している。この精神的な状況を「没我」や「没入」という言葉でも表現してきたが、もうひとつ「神域に入り込んだという体感現象」という言いかたも可能である。神さまがいてもおかしくないと信ずる心境の発生という見方もできる。西洋的な信仰から見れば信仰のカテゴリーに入らないとしても、日本の風土の中では信仰としてみなければならない。

富士山は夏の登山者が三五万人を超えるという（二〇〇七年九月一五日付朝日新聞夕刊）。世界でも四〇〇〇メートル級の山ではたいへん登りやすいのが富士山といわれているが、それにしてもすごい数の人たちが昇っている。暗いうちに頂上に到達して「ご来光」を拝むことを目的にしている人々が多いに違いない。特別な日ではなくとも、頂上で鈴なりになった登山者がご来光を迎えるそうだ。東の空が輝きだすと、登山者たちに神々しい感動が一瞬に共有される。日の出の景観を共有する中から一体感が生まれるようだ。

日本に一八八八（明治二十一）年訪れ、近代登山の魅力を広めたキリスト教宣教師のウォルター・ウェストン（一八六一―一九四〇）は日本アルプスの命名者として知られる。日本古来の山岳信仰にも関心を寄せたという。富士山頂で出遭った修験者風の老人を観察した。ご来光に対し白衣の姿で手を合わせている。「白衣のなかには、さし昇る朝日の荘厳さに心から捧げる昔からの崇拝の信心が深く秘められているのである。そうしたさまを見ると、頭のさがる思いになり、それに心はひきつけられていくのである。」（『極東の散歩道』山と渓谷社、一九七〇）。宣教師でもあったため、ご来光参拝には興味をもったようだ。よほど真剣な参拝風景だったことが想像されるが、一世紀以上過ぎた今も同じ光景が各地の山で続いている。

イスラム教の信仰者は聖地メッカに向かって一日に五回拝む。キリスト教の世界でもイエス像に敬虔な祈りを捧げる。イスラム教徒たちの参拝への波は、現象的には日本人の初日の出と同じように見えているが、明らかに違うところがある。イスラム教もキリスト教も教義を信じて神へ近づこうとする普遍的な行為を要求している。初日の出に向かう日本人はどうなのか。彼らは、自然現象に浸る感慨を求めている。神がいるとすれば祖先神かもしれない。神々しい感性にすべてをゆだねることで至福の感情が一瞬訪れている。教義に書かれた教えではない。日本人が日本文化のなかで身につけた参拝習俗である。日本人たちは初日の出の世界に忘我の状態で向き合っていたように思われた。自然と一体になった感性は「自然融合感」という表現がふさわしいのではないだろうか。

おもしろいのは、たった今、初日の出に向かって手を合わせて拝んだ日本人に、「あなたは神の存在を信じていますか」と問うてみればよく分かる。多くの人から、「別に神の存在を信じて拝んでいたわけではありません」という答えが返ってくるだろう。「神さまにお祈りしている気持ちになりました」「どんな神さまか、よく分かりません」。

西洋的な宗教観で考えれば矛盾であろう。有神論にたたなければ信仰心が生まれないというのはキリスト教やイスラム教の宗教観にとらわれた西洋的な見方である。神の存在を信じていなくとも、「神」を感じながら拝むのが日本人の宗教である。参拝しながら神が存在している感覚を感じ取る作業をごく自然にこなしているようである。このとき美感覚も動いているはずである。初日の出を美の景観として感受し、忘我状態が生まれたに違いない。自然との融合感といえよう。日本人の宗教感覚は自然融合感なしには考えにくい。おそらく、美感覚、自然融合感、宗教感覚の三つがどういう順序で関連しているのか、本人にもよく分からないはずである。この時系列はどうでもいいことだろう。三つはない交ぜになって一つの心情を形成しているのではないだろうか。

西洋も東洋も「神」という言葉を使いながら、西洋は絶対的な力の創造主を描き、東洋は矛盾も受け入れる人間的な存在にとどまっている。

以上は、中国人における道教の世界を通して、日本人の信仰の世界を観察した結果である。

第2章　真似る日本の成功

1　中国文化の亜流

日本と中国の関係を文化の視点から考察してみたい。

日中は、世界でも特殊な文化関係かもしれない。有史以前からの交流の歴史がありながら、異文化という認識を国民レベルでお互いに習慣化しなかった。世界地図を持ち出すまでもなく、中国が周辺の国々に比してあまりにも広大で、古代以来一貫して周辺に影響を及ぼしながら一定の文明を連綿と継続してきたというプレゼンスを抜きにはできない。中国人にとっては、日本など周辺諸国は中国文化の亜流としてとらえられ、日本人のほうも中国文化を受け入れた日本と中国との間に異質性があることを考えない。「同文同種」を信じた勘違いから、このように日中の国民の間ですら異文化の認識が一般的でないのだから、欧米で日中の文化について正確に理解する難しさは想像できる。

ヨーロッパが日中の文化をどう見ているのか。日本研究の先駆者として活躍しているベルギーのルーヴァン・カトリック大学のW・ヴァンドゥワラ（Willy Vande Wallie）教授の見解が参考になる。大阪外大や京都大学に留学した経験があり、ルーヴァン・カトリック大を欧州有数の日本研究機関に育てた人でもある。ヴァンドゥワラ氏は二〇〇五年十二月、パリで開かれた国際シンポジウム「日本学とは何か」で、「中華文化の領分と日本文化の領分」と題する報告をした。

彼ら（ヨーロッパ人）が極東を概念化するとき、公式的には中国、日本、韓国をまさにこの順番で含意している。しかし、たいてい彼らが実際意味しているのは中国のことなのである。

つまり、日本研究は中国研究の付属であり、中国研究がおおもとにあって、ついでに日本研究をするという見方である。その例として挙げているのは、一八七三年に西洋で設立された「日本・中国・タタール・インドシナ研究会」が、一八八七年には「中国―日本学会」と名前が変わっていることである。日中の境界がヨーロッパでは混沌としていることを表している。

ヴァンドゥワラ氏によると、「たいてい日本研究は中国研究にある種依存したもの、あるいはその副産物として扱われた。これはヨーロッパの東洋研究者の先入観と大いに関係がある」

と語っている。また、「主要な文明と派生している多くの文化という……見方からすると、日本文化は中国文化からの派生的文化である」

この考え方はヨーロッパでは普通のようだ。私の個人的な経験になるが、二〇〇二年夏のこと、ドイツ文化を紹介する目的でドイツ資金により設立された北京のゲーテ学院を訪ねたとき、院長から聞いた話である。「もともと中国が好きで中国を研究したかったが、中国語を話すことができるというので日本の大使館勤務を命じられた。中国語と日本語の違いが分からず、中国語は日本人にも通じると思われたらしい。念願の中国勤務は数年経ってからですよ」という嘆きであった。

現在でも、欧米の学会など有識者の間で日中異文化の視点を欠いていることがうかがえるであろう。企業など経済界での日中の違いの認識はもっと薄いと言わねばならない。欧米に向けて日本も中国も個性的な文化を発信していく責務が求められるゆえんである。

2　中華文化に組み込むか、独特の事例か

ヴァンドゥワラ氏は文化について定義付けている。

文化は、観念、価値、規範を包含する包括的な概念として、一般には記述される。（中略）文化という概念は広い範囲で政治的なものである。文化は実際安定した浸透力のある現象であるが、時がたてば以前とはまったく逆の姿に変わるかもしれないようなものである。

文化を政治と表裏一体的なものととらえている。政治関係の変化により揺れ動いているものと定義している。政治とセットになっている文化の表現様式が、一つの現象として映る場合もある。しかし、それは完全に固まった不変のものではなく、その後も紆余曲折の過程を経由してようやくある程度の形として認識させてくれるものである。したがって、日中関係の陰には常に文化関係があるという。表舞台は政治関係が主役となりがちだが、文化関係が政治決定に何らかの影響を与えているというものである。だが、政治決定によるものが往々にあるから、文化関係への注意があまり払われていない現状がある。

ヴァンドゥワラ氏は日本文化の研究者として、欧米の日本研究について、それを中華文化に組み込んで考える傾向とアジア諸国から切り離して独特な事例として扱う傾向との両極に区分けすることが可能と言っている。日本人が二極の間を揺れ動いているからかもしれない。中国との境界がはっきり認識されない欧米の日本文化観も案外実態を映しているかもしれない。

3　日本における中国文化の変容

日中の文化の諸相を調べ、異同を動機にも立ち入って検証して初めて異文化の観念に至る。中国人の日本研究が深まるためには、欧米人の日本研究へのスタンスや成果を知ることは有効な手段である。見逃していた部分を教えられて参考になることが多い。

ヴァンドゥワラ氏の指摘が続く。

日本の場合、大陸に起源を持っていたものはたいてい高い価値が割り当てられていた。『天皇』という語が象徴的な例である。津田左右吉は天皇という語がもともと北極星を意味していて、道教の用語であったことを証明した。

漢字をとり入れた日本では漢詩つくりが盛んになった。奈良時代には日本人の競った漢詩集『懐風藻』が編まれている。しかし、平安朝になれば、漢詩の題材に旧暦九月十三夜の月が登場している。中国では十五夜しかない。ヴァンドゥワラ氏が、漢詩の日本化としてとらえたのはさすがである。欧米人には漢字と漢詩という表面を見ていては分からない細部の違いである。

またヴァンドゥワラ氏は、中国の古代外交をめぐって宗主国としてふるまい周辺国を属国視した「冊封」についても正確な理解を示している。唐王朝の崩壊後、長江下流に成立した呉越国（五代十国期、九〇七—九七八）についてあまり知られていない史実を紹介している。この国は日本と交流をしたかったようで、使者を三度も出している。訪問使を出していたということは、相手国を宗主国として立てるわけで、日本の平安朝貴族政府は大陸との将来を考えて要望を断っている。遠慮があったのだろうという分析がなされている。

琉球（沖縄）が薩摩藩に統治されだすのは一六〇八年である。武力では圧倒的な薩摩藩に対して強大な中国を巧みに利用する外交術で平穏を得ていたといわれる。支配される少し前、一六〇六年に薩摩藩主島津家久が兵派遣を予定したところ中国から民間使節が来ることを知り延期している。統治後もたびたび中国から使節が訪琉した。薩摩藩の役人たちは中国使節が渡来している間は雲隠れしたという。日本と中国の力関係を示している。東アジアにおける秩序が中国中心であったことを物語っている。

そのあたりのことについてヴァンドゥワラ氏は、「十八世紀に日本人は……中国の世界秩序における文化的関係に挑戦し始めた」と指摘した。「日本と他の土地との相違を強調しようとする衝動が強くなっていった」とし、多くの国学者の活躍を例示した。平賀源内の『風流志道軒伝』（一七六三年）と本居宣長の『古事記伝』（一八二二年）である。『古事記伝』は日本に独自の文化と秩序があることを説明して、中国と区分けした代表作である。

４　日中に割り込んだ西洋

近代前夜、日中の分岐点をあげれば、一七二〇年、徳川吉宗将軍による禁書令緩和策だと思われる。キリスト教関係以外の洋書の輸入を可能にした。蘭学を通して医学をはじめ優れた科学技術に気づいたからであろう。鎖国下の限られた西洋との触れ合いであったが、日中の間に西洋文明が割り込み、日中分岐が鮮明化していくきっかけをつくった。

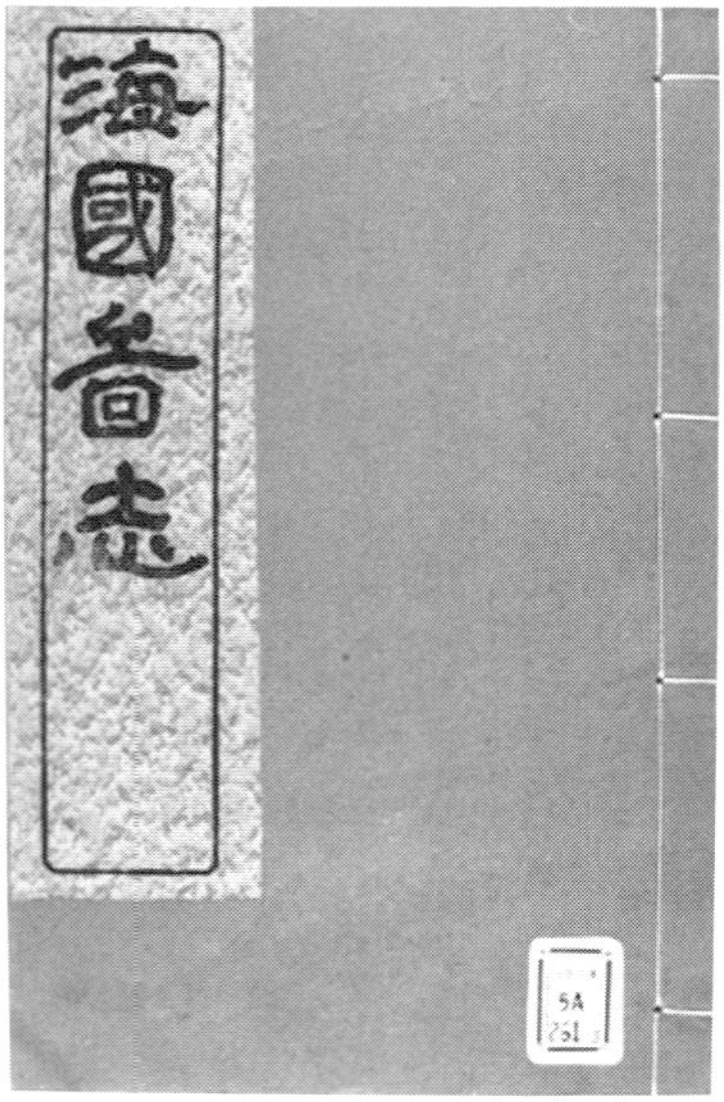

海国図志

アジアで西洋知識をもとにした最初の百科事典とも称される『海国図志』が魏源（一七九四―一八五六）によって一八四二年、最初の五〇巻が出版された。四七年には六〇巻に、五二年には一〇〇巻に拡充された。最終的には全文八八万字の力作である。資料として地図七五枚のほか西洋の船や大砲の図が載っている。中国人がもっと世界に関心があれば当然重版が相次いだであろうが、一八六二年に高杉晋作（一八三九―一八六七）が上海を訪れて『海国図志』を買い求めたときにはすでに絶版であったという。日本ではどうか。日本における影響ははるかに中国を凌駕していたといわねばならない。黒船来航によって開国した日本には、六〇巻本が刊行から三、四年のうちに五部、一〇〇巻本はさらにすばやく二年以内に一五部ももたらされて、相次いで復刻して出版されたのである。それも幕府自体が復刻を指示している。発刊は各種の版を合わせると二一種類にもなった。

5　伝統どっしり〝鉄面皮〟

日中の西洋化・近代化への取り組みの差はいろいろな分野で確認することができる。外国語学校設立は、日本が幕末の一八五五年に対し中国は一八六二年。留学生派遣は、幕府がオランダへ送り出した一八六二年、中国は最初にアメリカへ送った一八七二年。旧暦の廃止は日本では一八七三年、中国は一九一二年で三九年の遅れである。鉄道建設や電信開設、憲法発布など、西洋襲来は中国が先行していたにもかかわらず採用は軒並み遅れている。

近代化の急務が国民に浸透するまで、中国はアヘン戦争から辛亥革命（一九一一年）まで七一年かかった。日本は政権でみればペリー来航から明治維新まで約一五年である。国民レベルでの近代化理解の浸透は、雄藩の長州が下関戦争（一八六四年七―十一月）を教訓にし、薩摩は薩英戦争（一八六三年七―十月）をみれば分かる。両藩とも容易に対西洋の態度を変えた。

西欧列強との実力差を体験すると攘夷の無謀を学び、現実を見据えている。幕府の大政奉還もこの流れにあったということができる。中国は西欧列強と、アヘン戦争に続いてアロー号戦争(第二次アヘン戦争、一八五六―一八六〇)で辛酸をなめた後も義和団事件(北清事変、一八九九―一九〇一)を戦っている。

何が中国をして頑迷固陋にさせるのか。それは「中体西用論」という考え方に象徴されている伝統重視思考である。当時の中国にとって、西洋文物はあくまでも利用するものであり、中国の主体、中国の古来の価値観の下で生かすということである。同時代の日本の人たちも似たような感覚を持っていて、それは「東洋道徳・西洋芸術」という言い方に示されるが、下関や薩英戦争を教訓にして、日本は早々に修正している。しかし、中国は、それがなかなかできなかった。

このことは一八七六年の李鴻章と森有礼の対話に象徴的に表れている。この話は先述したように、李は、日本はアジアにあって同じ儒教文化圏だと信じていたのに、西洋の学問を一所懸命に吸収していることに非常に不満を持っていたのである。

岡倉天心は明治の中ごろ、中国の北から南へ歩き、中国民衆を観察した。外国の気風に染まらず、悠々と生活する姿に感銘を受けて〝鉄面皮〟という、ふつうなら貶す言葉を使った。因習・伝統をどっしりと守る中国民衆を評価していたからである。

西洋の研究者も中国の研究者も、日本人に西洋化を正義だと諭した思想は、一八八五年三月十六日付『時事新報』に福沢諭吉が書いた「脱亜入欧」論だと見ている。一八六二年、福沢諭吉は、ロンドンで唐学塤という中国人に会って、お互いに東洋を強い地域にするために近代西洋の文化を学ぼうと話し合っている。唐が、日本には洋書を他人に教えられる人は何人いるかと聞くと、福沢が、全国で五〇〇人ぐらいいると答え、中国ではどうか、と聞かれて、唐は、わずか一一人と答えた。これは最初から西洋文明への日中の姿勢の違いが顕著だったことを物語っている。

6　文化倒流・文化逆流

中国の近代化が日本に刺激されて進んだことは否めない。技術、科学、文化も含めて西洋の先進的な考え方の専門用語は先行して近代化した日本に学び、日本語を借用した形の訳語が中国語化したものが非常に多いことは、近年、中国でも広く知られるようになった。このような状況を、中国では「文化倒流」という。文化は高いところから低いところに流れていくが、留学生派遣などに見られるように、学ぶ人の流れは低いところから高い文化のところへ押し寄せるからである。有史以前から、文化は、中国から流れ出るばかりであった。西洋襲来で日中の位置は変わった。文化も逆流したのである。

外交官の例をみてよう。清国駐日本公使館が一八七七年に東京に開設されたが、初代公使に同道した一等書記官、黄遵憲（一八四八―一九〇五）が『日本雑事詩』と『日本國志』（四〇巻）を書いている。『日本雑事詩』は、近代日本の観察記であり、日本への忠告でもあった。このため、その原稿を非常に大切にしていた当時の日本の名士たちは、埼玉県新座市の平林寺に『日本雑事詩』の原稿を一部埋め、記念碑を建てている。『日本國志』は、日本を紹介する百科事典のような大作である。幕末維新の近代化の日本を評価して表や図も使いながら中国人に説明する狙いがあった。兵・法・学術など一二分類で整理された。明治維新の成果が具体的に詳細に初めて中国人に紹介された意義は大きい。

この本は、当時の改革派、康有為（一八五八―一九二七）が愛読し、一八九八年六月、改革を訴えて皇帝に献上するため『日本変政考』を著した。その主旨は、中国版の明治維新をやることであった。その具体的提案の中に日本への留学生派遣があった。西洋化に成功した日本で体験しながら学べば中国も強くなるであろうということであった。すでに一八九六年の旧暦三月には中国（清朝政府）は初めて一三人の留学生を日本に派遣している。ちなみに一九八〇年の初め、皇帝に進呈した『日本変政考』の正本が故宮博物館の昭仁殿で見つかった。忘れられた本になっていたことを語っている。

明治維新をモデルにした康有為らの政治変革の取り組みは、戊戌の年なので「戊戌変法」という。「百日維新」とも呼ばれる。一八九八年六月からスタートして九月には失敗したからである。失敗の理由は――

・当時の中国ではまだまだ西洋に学ぶことを恥とする考えが濃厚で、推進派は漢奸とされた。日本に対して、東洋思想を裏切ったことを批判する読書人が多かった。

・康有為の『上清帝第二書』によれば、当時で中国の識字率はわずか二〇％しかなかった。『日本変政考』によると、学会は二四、学堂は一九、新聞社は八社しかないという状況であった。日本では明治維新初期で識字率は男性が四三％、女性が一五％にのぼって、近代化への大きな素地になったと思われる。（識字率の数字は日中ともに調査範囲がはっきりしない）・岡倉天心のいう中国国民性の〝鉄面皮〟が障害となったことは疑いない。伝統への固執が近代化の足を引っ張っているのである。

この打破が急務であったことはいうまでもない。一八九八年、駐清国公使の矢野文雄が中国に、日本が留学生を受け入れる用意があることを伝えた。民間でも嘉納治五郎のような積極的に留学生を受け入れようという人たちが次々に現れた。日露戦争前後に日本留学がブームとなった。一九〇四年の成城学校、法政速成科など、中国の留学生を大量に受け入れるシステムができた。

一方で、日本から中国に日本人教師を送り出し、当時の中国政府も日本教習招聘制度をつくっている。こちらも日露戦争ごろから数年、毎年数百人規模が活躍した。交通不便な内陸奥地まで赴任した日本人教師が少なくなかったことは銘記されるべきだろう。

孫文は、日本の成功の理由について西欧への「師夷」（蛮人の真似事の意）にあり、中国の失敗は西欧を敵視・無視したことにあると指摘している。

7　日中「異文化」の刺激

ここでは日中「異文化」という認識に関する記録を記しておこう。一八七九年、王之春は清朝政府の命で派遣されて日本の軍事、政情、風俗を調査し、『談瀛録《だんえいろく》』として出版した。この中で、彼は非常にストレートに書いている。博物館や教育博物館の機械・工具・計器・書籍・芸術品・鉱物・植物・動物などの実物展示を評価した。多くは「『爾雅《じが》』（中国古代の辞書）にも載っておらず、『山海経《せんがいきょう》』（中国古代地理書）はその形状も知らない」という。また、東京の街のガス灯、技術養成所、本屋、庭園、清潔、自然の風景を大変誉めている。「日本の屋敷、道具はみな精巧細緻で、日本人は小さいものを非常に得意とする。ただこの（鎌倉の）大仏だけは高くそびえて特に大きい」（王之春『談録』巻二〇）。「縮み志向」に通じる観察があり、日本民族の特徴を見抜いていると言える。しかし、中国の儒学的体系を持つ知識人として、王之春は、日本は「実用を欲するがあまり、聖教を捨て、それは先人の漢学を称える心に叛くもので、識者は取る所無しとけなしている」（『談録』巻一『小方壺斎地叢鈔』第一〇）と批判的である。

当時、「異文化」という言葉もなかったはずだが、日本における「異文化」の取捨に刺激されて、文化の変容の意味を考えるようになった中国の知識人がいたと思われる。実際、王を含め、当時の中国の知識人の中には、儒教を批判して、発展的に受け継ぐ重要性を言う人も出た。

当然ながら、中国は儒教を全否定できるわけがない。儒教への理解とその活用が日本とは違ったのである。日本が西洋を学ぶことに転じたことを評価する一方で、儒教を全否定したことを批判した。儒教文化圏からの離反に対して精いっぱい抗議するように批判するしかなかった。

中国の日本研究者・呂万和が『明治維新と中国』(六興出版・一九八八)でこう書いている。

十八世紀の半ば以来、武士と浪人の中には、少なからぬ有識の志が儒学の偏見を排除し、当局の迫害をも省みず、至極困難な条件のもとで、西洋の科学を熱心に勉強し、その生命まで犠牲にした者もいた。西洋の軍事科学技術の優越性を発見したとき、彼らは国を防衛するためのみでなく、武士の地位と尚武の名栄誉のためにも、競って勉強しなければならなかったのである。

これに近い見解は、日本史研究で有名なカナダのE・H・ノーマン氏がその名著『日本における近代国家の成立』（一九四〇）と、中国語版『日本維新史』（商務出版社・一九六二）でも述べている。

8　中国における日本研究

日本の文化は中国とどう違うのか。

魯迅の弟の周作人は、兄を追って日本に六年余り留学し、その経験を生かして、次々と随筆を書き残した。その中で彼は、日本文化と中国文化はローマ文化とギリシャ文明の違いに比定されるとの認識を繰り返し書いている。周作人の日本に関する研究は東洋文庫に『日本談義集』として収められていることはすでに紹介した。

孫文の秘書だった戴季陶は、日本と日本文化について論述した『日本論』を残した。これは一九二八年に出版された。和歌もつくることができた。風土を大切にする日本人の心についても触れており、戦前の日本研究の代表作である。

日本語訳されている中国人の日本文化研究では、先述した黄遵憲に加え周作人と戴季陶の三人は白眉とされている。竹内好氏による推薦が大きい（『日本論』の解説）。いずれも日本の文化と中国の文化の異質性を指摘している。現代に通じる日本研究の嚆矢であろう。

中国における日本研究、日本文化研究は、戦争によって一時断絶した。その後、一九八〇年代に中国の改革開放政策が軌道に乗り、中国文化研究がブームとなった。それに伴い日本の文化も注目されるようになった。古代の日本は朝貢国であり、まさに中国文化・中国文明から派生した文化周辺国の一つとみなされた。近代まで日本と中国における文化境界は不明瞭なものであった。三白眉は日中の文化境界に焦点をあてたところに意義がある。

現在の中国の日本研究者たちは押しなべて、日本文化について独自の文化だという認識を深めている。とくに二〇〇一年以降相次いだ反日デモが異文化の認識を深める契機になった。かえって日本人への関心が高まったものの、日本人の思考様式ないし価値観に関してあまりにも知らない、研究も足りない、と自覚する人が多くなった。反日デモが反面教師になったようである。ルース・ベネディクトの『菊と刀』が二〇〇四年から年間一万冊以上も売れてベストテン入りを続けている。新渡戸稲造の『武士道』は五種の翻訳版が出ている。黄遵憲、周作人、戴季陶の代表作も新出版されたり、再販されたりしている。これはやはり日本を知るという動きであり、日本と中国の文化境界を意識しだしたことが背景にある。

9　文化の境界

小泉八雲の『日本論』やアメリカ人作家のアレックス・カーの『犬と鬼　知られざる日本の肖像』（中信出版社・二〇〇六）も中国でこのところよく読まれている。『「縮み」志向の日本人』（李御寧）も日本研究として若い世代の間でベストセラーだという。

ヴァンドゥワラ氏の文化相対主義における仮説の中には、異なる文化の間に「通訳不可能性」という視点を措定することへの批判がある。このような言い方あるいは考え方は「急進的な概念」であると述べ、一つの文化をめぐる外国と国内の関係について分析している。異なる文化であっても、文化の外部者が異なる文化の内部者になることは不可能ではないということを、音楽家の武満徹を例に挙げて説明している。日本人が西洋の古典音楽を内部化する際、外部から内部に入るには時間がかかり、明治時代の西洋音楽の実践を通して見ればわかるように、最初は真似事にすぎなかったが、第二次世界大戦後には日本の音楽は成熟し、日本化した成長もみられるという。

ヘーゲルは、「文化間の障壁は進入不可能なものではない」、というような言い方をした。文化は相互におそらく特定のイデオロギーを超えて、排他的な政治を超えて、人間の五感五体でとらえるというあり方が必要というのであろう。それはユネスコの唱える多文化共生の理念と共通するに違いない。

いま全世界で三〇〇〇ぐらいの文化があるという。異なるところを主張し合い、イデオロギー化すれば争いのきっかけになる。部内者と部外者の垣根を越えるようになるまで過渡期が続く。あと五〇年、一〇〇年、あるいは一〇〇〇年経てば垣根はなくなるだろう。そのような平和が一日も早く訪れてほしい。

日中の相剋の時代があったが、感情的なものを超えて、距離をおいて冷静に見なければならない。日中「異文化」という方法論の展開により境界がはっきりしてくれば、文化摩擦が減少すると考えられる。

そのためにも文化と文化の間の違いを認識することが大事だと思う。そのような見地から、法政大学国際日本学研究所では二つの活動をしている。一つは、相互認識のズレを切り口に日中文化の違いを確認、分析していく研究活動である。もう一つは、研究活動とリンクしながら、日中文化研究会を月に一回開催している。そこで相互学習し研究の知恵を共有して、平和な文化関係の構築を模索していくのである。地道な活動を積み上げてこそ未来への展望が開けると考えている。

※第2章は、法政大学国際日本学公開ワークショップとして二〇〇六年十月二十一日に開かれた「パリ・シンポジウム第3回成果検討会」における発表をもとに修正・加筆した。

第3章　「鉄面皮」の中国と「変節」する日本

1　個人・国家を統合する思想

明治の思想家・中江兆民（一八四七―一九〇一）は二十世紀が始まったばかりのころ、「わが日本、いにしえより今に至るまで哲学なし」（『一年有半』）と言い残した。

日本人は国民を統合させる思想というものをもったことがないといわれる。これに対しては、軍国主義のはびこった戦前の状況をもちだして「いい意味ではないが、一つの思想でまとまっていた」と反発する人もあろうが、生活から文化、社会、政治、宇宙にいたる整合した一つの体系的な思想とは到底思われない。はびこったのは神話的な状況ともいうべきものだった。富国強兵のスローガンをかかげた熱狂的なカルト状況だった。国民を軍国主義意識に染めることには有効に作用したが、森羅万象にわたる体系的な思想があったとみなすことは無理である。キリスト教やイスラム教の生活化、政治化した思想状況とは基本的な違いがある。

ヨーロッパ諸国には政党名に「キリスト教」を戴く例がいくつかある。たとえば、ドイツの「キリスト教民主同盟」、ベルギーの「キリスト教フランドル党」などのほか、イタリアでは離合集散しながらキリスト教の名を冠につけた党が複数あるという。いうまでもなく宗教活動の実践が政党の目的ではない。宗教思想に涵養された精神を立党の基軸にしているにすぎない。おそらく国民は、キリスト教の冠名を安全符として政党に支持を送っているのだろう。この前提には、キリスト教の教理が生活思想を超えて政治・外交から宇宙真理に及ぶ万能の思想であるという認識を共有しているからだと思われる。森羅万象に通じるマルチ思想としてキリスト教を考えていると見なければならない。同じ一神教のアラブ世界ではもっと徹底しているようだ。イスラム教の教理が個人から国家まで統合する思想になっている。

2 儒教は中国人のDNA

中国でも儒教は、二五〇〇年余り前に孔子を祖にして体系化をめざして以来、生活に染み込んだ思想として深化を遂げ、さらには宇宙観・世界観をもつに至っている。孔子から一五〇〇年後、宋代に儒教は飛躍した。とくに南宋の朱子（朱熹、一一三〇―一二〇〇）の集大成が以降の思想界に圧倒的な影響を及ぼした。宇宙論、人生論、道徳論などすべてを覆う、一貫した壮大な理気説を唱え、中国儒教の主流になった。

儒教について、日本では倫理・道徳の範疇の思想と思っている人が多い。それは明らかに誤った見方である。もっと広く、深く、その見方を変えてほしいものである。西洋におけるキリスト教、アラブ世界におけるイスラム教に匹敵する思想の中の思想と見なければ、実態に合う儒教観にならない。つまり、儒教は中国の基軸思想の位置にあるという認識が望まれる。

儒教以前から、宇宙を説明する思想として、たとえば五行思想があった。宇宙万物のすべてが木・火・土・金・水の五要素によって構成されていると解釈する。超俗的な老荘思想も古くからあり、儒教はこれら中国の古典思想に学び影響を受けつつ深化した。儒教の祖形は孔子以前の人々の生活観に求められる。孔子が社会をつぶさに観察して思うところを整合したのだと思う。独創の思想というより、当時の古今東西のさまざまな考えに謙虚に耳を傾けて有意義な考えを集約し体系づけたというのが妥当なところだろう。

儒教における朱子の功績を繰り返せば、生活思想の範囲から大きく飛躍させたところにある。個人から社会へ、さらには経済、政治の世界も支配する思想へ昇華したとみなしていい。これが収斂して「修身斉家治国平天下」という成句になった。自己を修練すれば、家はまとまり、政（まつりごと）が治まらないはずはないという教えである。また、万物の根源から広大な宇宙秩序まで及ぶ科学理論ともされてきた。現在の大学教育にたとえれば、朱子によって文系・理系の全学部にまたがる総合理論に成長できたということになる。儒教の進化によって中国は体系的な基軸思想をもつことになったのである。中国が、西洋のキリスト教世界観と出会ったとき、受容に素直でなく頑迷固陋であった理由がここにある。中国人はキリスト教世界観を凌駕した思想として自分たちの儒教を信じて疑わなかったからである。

儒教を切り離して、中国文化は考えられない。儒教と中国文化との関係は、「中国人の、中国人による、中国人のための思想」という言い方があてはまる。儒教は親から子へ、子から孫へ、幾世代にわたって連綿と受け継がれてきた。中国人にとっては、儒教による知恵は一人ひとりの体を流れる血液のような位置づけにある。生活思想として、中国人のＤＮＡになりきっている。中国人たらしめる国民文化を養ってきた根底の思想である。儒教は、中国人のアイデンティティーだと言い切ってもおかしくない。（中国人のアイデンティティーとして儒教を見直したこの項の詳細は、拙著『日中二〇〇〇年の不理解——異なる文化「基層」を探る』（朝日新書、二〇〇六）を参照されたい）

中国民衆の暮らしの言葉には儒教に由来する用語が多い。たとえば、「悠々自適」（『詩経』「小雅・車攻」）も「立身出世」（『孝経』開宗明義章）もそうである。「四海」「有徳」……、中国語の会話に儒教派生語は欠かせない。儒教は四方八方に広がるうちに「聖人君子」や「王者」を目指す特定少数の階層を超えて、不特定多数の民衆も受け入れ、中国人のバイブルになった。

儒教が今日の地位を得る最初のステージは前漢中期で、儒学者の董仲舒（前一七六頃—一〇四頃）が武帝に「儒教一尊」の献策をして嘉納され、国教として学問の主流になる機会を得た。しかし儒教排斥運動など受難が歴史上何度かあった。よく知られているのは、秦の始皇帝による紀元前二一三年の焚書坑儒をはじめ、近現代における一九一九年の「五四運動」、一九六六年に始まった「文化大革命」が代表的である。しかし、民衆の生き方の原理として、生活にしみ込んだ儒教は強靭であった。そのつど蘇って、中国人の価値基準として規矩準縄の地位は揺るがない。

文化大革命（一九六六—七七）は社会主義中国の誕生以来の宿題として儒教一掃も目標にした。それは批孔運動（孔子思想を批判する運動）として推進されたが、成功しなかった。儒教を因習・伝統のシンボルとしてしかみないのだから失敗するのは当たり前である。儒教を批判することが中国文化の否定につながるということを学ばせられたのは皮肉な教訓だった。中国文化のシンボル、中国人のアイデンティティーとして儒教の有効性を再認識した政府はその後、積極的な儒教活用に転じ中国人の統合・統一に儒教教育を強化することになった。

3　儒教排斥から儒教活用に転じた中国

二〇〇〇年以来、党や政府幹部を養成する人民大学（北京）では儒教教典の四書五経を必須講義にしている。子どもたちへの学校教育でも儒教思想が取り入れられている。また党・政府は世界に向かって、基軸の中国思想としての儒教の理解を広める機会を提供していこうと、二〇〇四年来、世界各国に孔子学院の設立を進めている。大学の付属施設として当初は一〇〇カ所が目標だった。世界最初の孔子学院は二〇〇四年十一月の韓国ソウル。三年もたたないうちに目標数を上回っただけでなく、二〇〇七年末までに世界各地に二〇〇以上にもなり、倍をはるかに超えた。目標を見直して、中国政府は二〇一〇年までに五〇〇校を目指している。そのための指導本部を二〇〇七年四月発足させた。すべては儒教活用に転じた現在の中国の姿である。

日本においては二〇〇五年の京都・立命館大学を最初に、それ以来毎年のようにどこかの大学で開設されている。

【日本で増える孔子学院　二〇〇五～〇八年。カッコ内は提携大学】

○五年　立命館大学孔子学院（北京大学）
○六年　桜美林大学孔子学院（上海同済大学）
　　　　北陸大学孔子学院（北京語言大学）
　　　　愛知大学孔子学院（南開大学）
　　　　立命館大学孔子学院東京学堂
　　　　桜美林大学孔子学院高島学堂
○七年　立命館アジア太平洋大学孔子学院（浙江大学）
　　　　札幌大学孔子学院（広東外語貿易大学）
　　　　早稲田大学孔子学院（北京大学）
　　　　岡山商科大学孔子学院（大連外国語大学）
　　　　大阪産業大学孔子学院（上海外国語大学）
○七年　神戸東洋医療学院孔子学堂（天津中医薬大学）
　　　　長野県日中友好協会ラジオ孔子学堂
○八年　福山大学孔子学院・福山銀河孔子学堂（北京対外経済貿易大学&上海師範大学）
　　　　立命館大学大阪孔子学堂（同済大学）
　　　　工学院大学孔子学堂（北京航空航天大学）

孔子学院

【日本での孔子学院分布図】

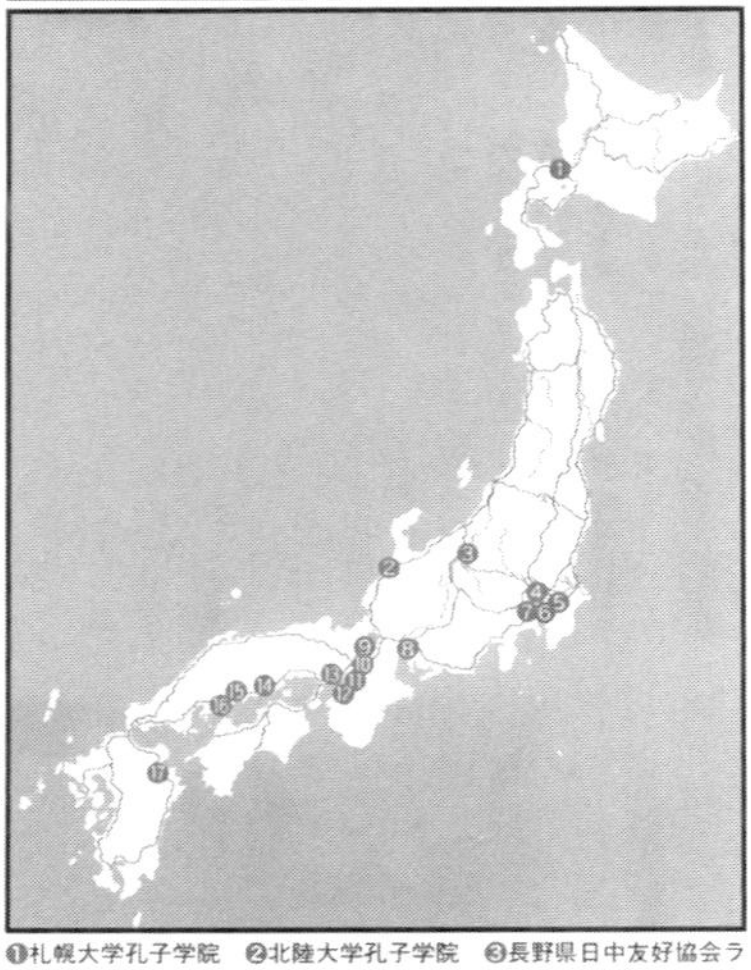

❶札幌大学孔子学院　❷北陸大学孔子学院　❸長野県日中友好協会ラジオ孔子学堂　❹立命館大学孔子学院東京学堂　❺工学院大学孔子学院　❻早稲田大学孔子学院　❼桜美林大学孔子学院　❽愛知大学孔子学院　❾桜美林大学孔子学院高島学堂　❿立命館孔子学院　⓫立命館大学孔子学院大阪学堂　⓬大阪産業大学孔子学院　⓭神戸東洋医療学院孔子学堂　⓮岡山商科大学孔子学院　⓯福山大学孔子学院・銀河孔子学堂　⓰福山大学孔子学院　⓱立命館アジア太平洋大学孔子学院

出典：『人民中国』人民中国雑誌社 2010 年 1 月号

４　〝鉄面皮〟の気質を評価した天心

儒教に染まった中国人はたしかに頑迷固陋なところがある。西洋科学思想に対しても発揮され、頑固なところは中国人気質とされても仕方がない。この中国人の気質を〝鉄面皮〟と言い表した岡倉天心（一八六二―一九一三）について、ここで少し詳しく書きたい。天心は、日本の伝統美術を再興した指導者として近代史で輝いている。彼は日本美術の源流を求めて中国に関心を持ったという。

明治二十六年夏から冬にかけ、中国国内を北から南へ船と馬車で旅行したとき、外国の気風に染まらず悠々と生活する庶民の姿が眼に留まった。「外洋ニ接シテ感染スル所ナシ」。このように、頑固に伝統と生活習慣をどっしり守る中国人気質の印象を書き残した。

天心がめざとく中国庶民生活に関心が向いたのには理由があった。日本は廃仏毀釈に象徴される伝統破壊や鹿鳴館がシンボルの西洋崇拝の風潮がはびこっていたからである。そして西洋文化にすぐには感染しない中国人気質を〝鉄面皮〟（『東洋の理想』、最初の英語版発行は一九〇三年、邦訳は一九二九年）と表現した。ふつうは「恥を恥とも感じない」「厚顔な」（『広辞苑』）性格を蔑んで使うが、天心は伝統を守り通す頑固一徹の気質を羨んだ気持ちを込めて〝鉄面皮〟という言葉を使っていることは留意しておきたい。天心は『日本の覚醒』（『岡倉天心全集』第一巻）でも中国人の「頑迷」に一目を置いている。

天心の中国旅は、中国近代史の始まりとされるアヘン戦争からすでに半世紀が過ぎたころで、日本が清国と戦う前年のことである。天心は反日の気運の高まりを事前に知って弁髪姿に替えて身の安全を保ったといい、戦争前夜の緊迫した情勢を想像させる。天心の鋭い観察眼は庶民の暮らしの奥に向かった。依然として黄土高原では多くの人々がヤオトンといって土の崖肌に穴をうがって住居としているのがふつうであり、こういうところにも便利な西洋品が入ってこないわけでもないのに見向きもしないでいることに感心したのであろう。西洋の影響をまったく感じさせない生活に目を見張ったに違いない。

現在でも、中国の古典戯劇・京劇が北京以外の四川省（「川劇」と呼んで北京に限った呼び名の京劇と区別することも）や山東省（同様に「晋劇」とも）など各地でも盛んである。〝中国版オペラ〟ともいわれる伝統戯劇は地域の伝統技を受け継ぎ、個性を競い合っている。中国で雑芸をふくめ郷土芸能がすたれないのは、〝鉄面皮〟の中国人気質のおかげかもしれない。

5　「野蛮人でいよう」

素直に西洋化を受け入れようとしなかったのが中国の近代史である。日本はどうだったか。ペリーの黒船来航からわずか一五年で維新を迎え、明治十年代後半には鹿鳴館時代を演出して伝統・習慣を捨て去ろうと努めた。天心の目には、伝統に固執した中国民衆とは対照的な日本人の気質が映ったわけである。

天心だけは、西洋化の遅れた中国や他のアジア諸国を非難しなかった。むしろ、かたくななアジアに学ぼうしたようだ。日本の将来を暗示した記述が『茶の本』（『岡倉天心全集』第一巻）に載っている。「もしもわが国が文明国となるために、身の毛もよだつ戦争の栄光に拠らなければならないとしたら、われわれは喜んで野蛮人でいよう」

しかし、中国民衆に染み込んだ儒教と鉄面皮の気質は結びついている。儒教の圧倒的な影響があるなら鉄面皮の気質も強固になるとみられる。鉄面皮の度が過ぎると弊害を予想しなければならない。一番の弊害は、中国の周辺を未開地域視する世界観を植えつけたことである。その延長線上に教条的な愛国心や「中華思想」を生み出した。新しい思想に触れても無視した。西洋との出会いで弊害が顕著に現れたことは説明するまでもなかろう。偏った儒教的価値に基づく宇宙観・世界観でもって、中国人は西洋文明も矮小化した。懐疑的、批判的、否定的な目線でしか見なかった。西洋思想や科学思想の価値に気付かなかったのである。新しい思想に対しては謙虚で柔軟であらねばならない。

6　儒教の優等生（朝鮮半島）

中国と似た思想環境を形成したのが朝鮮半島だ。陸続きの朝鮮半島は中国思想を積極的に取り入れ、とくに「儒教の優等生」といわれる。中央集権に徹した李氏朝鮮（一三九二―一九一〇）は儒教のうち朱子学を唯一の思想とし、科挙制度も取り入れて儒教教育を徹底した。李滉（李退渓、一五〇一―一五七〇）と李珥（李栗谷、一五三六―一五八四）の二人の大学者を忘れるわけにはいかない。李滉は主理説を大成させるなど、二人は競い合って儒教の朝鮮化を成し遂げたといわれる。理に適う理想の人格に近づく教養規範を整備してヤンパン階層（李氏朝鮮時代の特権的官僚階級）を中心に、中国以上に儒教が浸透したとみられる。

朝鮮半島の人々にとって堅固な基軸思想の存在する状況が生まれたのは、キリスト教とイスラム教のおかれた状況と相通じるものである。韓国で現在キリスト教信仰が盛んな背景は、儒教という基軸思想に親しんだ歴史的土壌を抜きに考えられない。

儒教の二大偉人はいずれも現代の韓国で通用している紙幣の肖像に使われ、韓国人の誇りだという。千ウオンが李滉、五千ウオンが李珥になっている。紙幣の肖像は国民からもっとも親しみをもたれているか、崇敬されているかを基準に選ばれているはずである。紙幣肖像に儒家を選んだ韓国はいまも儒教の優等生といえるだろう。

韓国社会も根強く儒教を存続させている。ここ数年、韓国人による脚本・制作の韓流ドラマが中国でも話題になることが多い。たとえば「宮廷女官チャングムの誓い」は儒教を国教とした李朝の宮廷社会を舞台にしており、中国で二四％の高視聴率を続けたが、ドラマ自体の展開の面白さだけでなく、生活観の深層に横たわっている儒教的思考の描写に違和感がないからだと思われる。韓国と中国は儒教という精神の共通点で繋がっている。

7　日本人にとっての儒教は「書籍学問」

儒教文化圏といえば、中国、朝鮮半島、日本の東アジア三カ国を挙げるのがふつうである。四書五経が共通した教科書であったことを想像するだけでも、三カ国は兄弟国だと思わざるを得ない。しかし、明治の日本は兄弟別れをしたかのように、西洋科学による性能アップを誇りながら日本という機関車はスピードをあげた。走り去った跡には儒教のさまざまな経典が捨てられていたという印象である。走り去ってゆく日本を気にかけずに、これまでどおりのゆっくりした速度でいるのが中国と朝鮮半島だ。

日本人にとって、儒教はどういうものであったか。歴史学者の津田左右吉（一八七三―一九六一）の言葉に耳を傾けたい。

知識として儒教の教が学ばれもし講説せられもした。しかしその教の具体的表現であり実践的規範である礼儀は曾て学ばれたことがなかった……日常生活における行動の規範としての礼についてはなおさらである……儒家の道徳教は、古往今来、曾て我が国民の道徳生活を支配したことが無かったのである。（『儒教の実践道徳』）

現在、大方の日本人が、往時は儒教を基本的な思想として受容したと考えているのとは異なる見方である。儒教は日本人を根底から支える思想ではなかったと言っている。津田は、国民思想にはなりえなかったと言い切っている。日本における儒教は「ブッキッシュ」であった、と言ったのは作家・司馬遼太郎（一九二三―一九九六）だ。対談や講演で〝司馬史観〟を披露するなかで儒教観を語ったが、津田説と共通している。生活思想なら必然的にかかわる冠婚葬祭の考え方として、日本ではいっさい浸透しなかったという。書籍学問として学んだにとどまったとされる。基本的には教養の域を出なかった。

古代のことはともかくとして、近世の江戸時代、約二六〇の藩の多くが儒家を抱えた。藩政への助言の一方で、私生活でも儒教に基づく生き方をモットーにしていたであろう。

幕府は、儒教国家の李氏朝鮮と唯一、国交を結んでいた。中国、オランダとの間は外交関係のない付き合いだった。朝鮮王朝とは友好関係にあった証が朝鮮通信使の訪問である。一六〇七年から一八一一年まで一二回にのぼった。朝鮮王朝が選りすぐった毎回平均四五〇人の外交使節団であったという。日本側は儒家に接待役をさせた。通信使の隆盛期の江戸中期、対外窓口役の対馬藩には雨森芳洲《あめのもりほうしゅう》（一六六八―一七五五）、幕府には新井白石（一六五七―一七二五）という優れた儒学者がいた。芳洲は儒教に導かれて「誠信外交」を実践した。外交の総元締めの立場にあったのが儒家・林羅山の家系・大学頭である。代々、世襲された。儒教に基づく格式や礼法に厳格な通信使にも動じず、外交トラブルもなく、善隣友好の記録を残している。このような江戸外交史における儒家の隠れた功績を指摘しないわけにはいかない。武士階級は四書五経を学び、全国津々浦々の寺小屋では庶民たちが儒教を平易に説いた副読本などで学んだ。江戸時代を通して日本人の儒教への崇敬が養われ、儒教イズムの理解が広がった。

8　明治とともに儒家が消えた

日本は明治とともに一転する。活躍していた儒家が表舞台からいなくなった。孔子や孟子を声高に聖人と言わなくなった。外交など国際関係の対応でも、誠信を旨とした「儒教外交」の姿勢が消えた。儒教外交が世界に通用しないこと、世界は別のルールで動いていることを知ったのである。

日本は、儒教を時代遅れの服と決め付けて、ニューファッションの西洋思想に一斉に着替えた。変わり身は実にすばやい。幕末から明治維新にかけて日本は、自分たちの伝統文化と、日本に影響を与えてきた中国思想や学問についてもすべて否定した態度をとったわけである。真新しい西洋思想と科学に魅力を感じたからだ。

イギリスに留学した夏目漱石は、西洋文化に接した経験を踏まえた上で、維新の前後ですっかり変わった日本と日本人を見つめた。模倣する対象を簡単に切り替えた日本に気付いたのである。「維新前の日本人は只管《ひたすら》支那を模倣して喜びたり、維新後の日本人は又専一に西洋を模倣せんとするなり」（『断片』明治三十四）と嘆いた。

実は同時代の中国でも、国家の進歩を謀るために儒教にある保守的な考えの部分を批判する声が上がったが、ほんの一部にとどまった。しかし、日本では徹底した。儒教を猛烈に批判したのが新生日本の思想界を引っ張った福沢諭吉（一八三四―一九〇一）である。封建主義の門閥制度を「親の敵」とまで叫んだ。

家老の家に生まれた者は家老になり、足軽の家に生まれた者は足軽になり、先祖代々、家老は家老、足軽は足軽、その間に挟まっている者も同様、何年経っても一寸とも変化というものがない。(『福翁自伝』「幼少の時」岩波文庫)

こう書いた福沢は固定した制度を支える理念として儒教を念頭に置き、儒教批判を徹底し、明治十八(一八八五)年の「脱亜論」(三月六日付『時事新報』に掲載)に発展した。

福沢の儒教観によると、武士階層の思想形成に欠かせない素養として儒教が普及していたという。四書五経の類を幼少のころから読み記憶しなければならない通念があり、どうしようもなかったと嘆いている。津田左右吉の儒教観との間にズレがあるようにみられるが、そうではない。

9 支配層のための統治思想

福沢のような代々侍の家系ですら『福翁自伝』を通して経書をいぶかしげに扱っていたこと

が分かるのである。下級武士であったから経書もたしなみ程度に学んだ。せいぜいその程度でも学んで教養とすることは必須であった。当時、儒教を後生大事にしたのは上層の武士であった。儒教が統治思想、あるいは支配階層の思想とみれば、日本における儒教の位置にかなり肉薄したことになりそうである。日本人が生活規範として儒教を拠りどころにしていなかったことの説明がつく。中国、朝鮮半島における儒教の実態とは基本的に異なっている。

だが、儒教の実践例がないわけではない。二〇〇七年六月二日付『朝日新聞』土曜別刷りに「母の死に肉食を断って」が掲載されている。近代日本を代表するジャーナリスト池辺三山(本名は三山吉太郎、一八六四―一九一二)が母の死に、五〇日ぐらい肉を断って服喪したという。記事ではこのことに触れて、「西洋思想の洗礼を受けた明治知識人も、儒教の「孝」は骨身にしみていたのだろう」と論じている。

儒教が念頭になくとも「孝」を日本古来の徳と受け入れている日本人は多かったはずだ。「孝」の原点は儒教に由来していることは否定できない。しかし、中国の孝だと、はるかに厳格な内容を求めている。考の行為も日本化して、服喪の間に池辺が「墓参と写経の日々を送った」という。仏教の教えと儒教の教義が混合されていることが分かる。「神仏習合」とよくいわれる。池辺においては「神仏儒習合」となっているように見える。これが多くの日本人に違和感なく受け入れられる基本である。外来思想を巧みに日本化した日本人の知恵である。

おそらく、日本人は儒教から影響を受けつつも、支配階級や知識階層と武士階級に欠かせぬ思想として受けとめられ、一般庶民にとっては高度な知識教養というレベルでしか理解されていなかったと考えられる。

10 儒教を理解できなくなった日本人

繰り返しになるが、儒教は東アジアで生まれ体系化した思想である。ところが、中国と陸続きの朝鮮半島における儒教の位置と、海を隔てた日本の儒教のおかれた位置は実と虚の違いがある。中国、朝鮮半島にとって儒教は、民衆の生活にまで染み込んだ基軸思想であると位置付けられる。このことは強調しておきたい。西洋思想に影響されつつも儒教を厳格な不変不易の価値体系として踏襲している。儒教を理解できなくなった日本人との落差は大きい。

ところが中国と韓国には、同じ儒教文化圏に属する国として日本を見る風土がある。日本は日本で、世界のどの国よりも中国古典の教養を持ち、中国文化をもっとも理解していると自負するところがある。お互いに隣国を知っているつもりでいる。儒教文化という知的財産の共有は有効なはずなのに、相互認識・理解を表層にとどまらせる壁になってきた。

アジアは多角的な価値観が溢れる国々の集まりだとよく言われるが、少なくとも日中韓三カ国にとって、儒教が共通財産であることは否定できない。日本も四書五経に馴染んだ長い歴史が儒教的風土をつくったのである、三カ国が儒教を共通項として生かさない手はないはずだ。儒教価値観しかなかった古代・中世を思い出す必要がある。お互いの相違点を客観的に明確に認識した上で、共通点に立脚した交流が未来志向のベースにならなければいけないと思う。

第4章　急激な西洋化と日中交流の先駆者

1　西洋化を競う知識層

日本の近代化・西洋化は幕末・維新期にスタートした。政治的には明治二（一八六九）年の版籍奉還、四年の廃藩置県が大きな契機になった。制度的には、国民皆教育の開始を告げる学制公布が明治五年で、六年一月一日から太陽暦採用、ついで徴兵令や地租改正が相次いで実施されている。国家の垂範に刺激されて、国民も見よう見まねで西洋化を始めている。明治二年、長崎で西洋式の活版印刷、京都でパンの販売、東京で巻き煙草製造などが始まり、庶民が狂歌「散切《ざんぎ》り頭を叩いてみれば文明開化の音がする」をもてはやした様子がうかがわれる。

西洋化においては、旧武士を中心にした知識層も率先した。西洋化に乗り遅れまいと馳せ参じた。一番乗りを競う現象を想像させる。先頭を切ったのが福沢諭吉であろう。痛烈に旧体制を批判した思想家とされ、三度の洋行体験をもとに幕末の慶応二（一八六六）年に著した『西洋事情』は維新後も売れ続けてわが国最初のベストセラーともいわれる。

ここで、日本最初の学術団体とされる「明六社」創立メンバー、倫理学者の西村茂樹（一八二八―一九〇二）の文章を紹介したい。儒教以外の学問に触れて驚く自己の学究遍歴を書き留めている。思想界、学問の世界でも西洋化が時代の風潮であったことが分かる。『中国の近代と儒教』（高田淳著、紀伊国屋書店、一九九四）によって西村の「茶話会席上談話」に書かれていると教えられた。

一番初めに漢学をした時には、学問というものは儒教より外に善いものはないと思って居った。それから水戸の学問に心酔……水戸学はなかなかいいもので是は儒教より上だと思った。それが段々変って……英学を始めて……西洋の学問程善い学問はない。水戸学も儒教もいけない、之を止めて西洋の学問をしなければならぬと思った事がありました。さういふ人は私許りではない。大層ありました。

明六社の名称は明治六（一八七三）年、森有礼（一八四七—一八八九）が結成を呼びかけた年に由来している。実際にスタートしたのは翌七四年である。西洋の学会にならった組織をめざした。「明六社制規」によると、「我国ノ教育ヲ進メンカ為ニ有志ノ徒会同シテ其ノ手段ヲ商議スル」「同志集会シテ異見《ママ》ヲ交換シ知ヲ広メ識ヲ明ニスル」という（鹿野政直『近代日本思想案内』岩波文庫別冊）。森、西村に並んで福沢も加わり、西周（一八二九—一八九七、思想家）、津田真道（一八二九—一九〇三、法学者）、中村正直（一八三二—一八九一、教育家）、加藤弘之（一八三六—一九一六、哲学者）ら時代の先駆者一〇人が同人である。その多くが漢学の素養のうえに、蘭学を修めて英米仏の西洋学問へと移った人ばかりである。西村のこの文章を読むと、好奇心が強いといわれる日本人の面目躍如の観がある。西洋を学ぶ知識人の懸命な様子が浮かび上がる。

西洋思想を基にした文明開化の行動と言える。福沢は「speech」を「演説」と訳した。日本の習慣になかった演説というものを広めようと、創建した慶應義塾舎で演説会を開いている。意見を考えるだけでなく、自分の意見を公開していくことや説得の大切さを体験させたかったのであろう。明六社のメンバーたちも月二回集まっては意見交換の場を講演会に切り替えて、時には公開講演会を開いたという。メンバーたちは西洋社会の留学経験者で占められている。西洋世界の発展は自由な議論と演説の習慣がバネになっていることを知り、それを実践したのである。

2　思想抜きの西洋化雪崩現象

西洋化の焦りから社会的な弊害がいくつか現れた。最たるものとして鹿鳴館を挙げることに異議ないであろう。外務卿の井上馨（一八三五―一九一五）が音頭をとったとされる。幕末の日本が欧米列強と結んだ不平等条約の改正を達成するため国家的に進めた欧化主義を総称して「鹿鳴館時代」と呼ぶ。名称は『詩経』に由来している。日本の近代化ぶりを在日外国公館員に披露する社交場とショーウインドーの役割を担って、明治十六（一八八三）年、東京・内幸町に建てられたレンガ造り二階建ての洋風建築である。日本で没したイギリス人建築家J・コンドル（一八五二―一九二〇）の設計であった。ここで連日、華やかな社交が繰り広げられ、西洋式生活の発信源になった。二階のホールは最大三三〇平方メートルの広さがあり、ここでダンスの宴、西洋音楽の演奏や慈善バザー、遊技室ではトランプやダイス、玉突きなどが興じられたという。高官の夫人と令嬢たちは腰をしっかり締め付けるペチコートを着用して洋装で着飾り、洋食を食べて、西洋人らしく振舞ったのである。井上馨ら高官貴紳は正装し、ときには仮装して出席した。最後を飾った明治二十年の一大仮装舞踏会のとき、総理大臣の伊藤博文（一八四一―一九〇九）はベニスの貴族に扮したと伝わっている。

欧風を真似ただけの鹿鳴館時代は長くは続かなかった。井上馨の条約改正交渉が失敗に終わって、沸騰した熱は急速に冷めたといわれる。なお、鹿鳴館の建物は関東大震災を耐えたが、老朽化で一九四〇（昭和十五）年に取り壊された。

鹿鳴館時代は明治前半期の日本社会を象徴した現象だが、日本人が自作自演した「西洋化雪崩現象」ではなかったか。動機はいかにせよ、日本人のアイデンティティーを彼方に追いやって、西洋人になりきろうとした時期でもあった。急に文明国として振舞おうとした歪みが表れた時期でもある。しかし、西洋風の建物をいくつも造り、ドレスで着飾って出入りしても、人の内面が簡単に変わるわけではない。西洋思想の関係書物を一冊や二冊読んだからといって、近代化の基軸思想が分かるものではない。表面をなぞるだけの西洋の真似事として、後世の批判を浴びることになったのは当然だった。

思想抜きの西洋化現象として、ラフカディオ・ハーンをはじめ多くのお雇い外国人たちも嘆いたり苦言を呈したりしたという。日本人自身も、行き過ぎた欧化主義に気づくのは早かった。遅くとも明治二十年代半ばには反動が始まっている。皮肉にも井上馨による条約改正の取り組みが西洋に対して卑屈と見透かされたことがさきがけにもなった。文化芸術面で、中国を旅した岡倉天心による日本の伝統美再認識の運動や柳宗悦による民芸運動も勃興した。このことはすでに前に触れたところである。

3 儒教には「進歩」という概念がない

儒教は、西洋的な「進歩」という概念がない思想であるといわれる。目標とすべき理想の政治も理想の聖人君子も過去にモデルがあると考えている。孔子が『詩経』をまとめ、『春秋』を著したと伝わる。『詩経』は中国最古の詩集とされ、紀元前九世紀から七世紀までの三〇五編を収める。孔子以前の民衆の純朴が詠われている。『春秋』は春秋時代の魯という国の編年体でまとめて、王道を検証する有益な教科書とみなされている。これら孔子の編著作によって遠い昔に理想が実現していたことが明らかになったとしている。一般的には、黄帝・顓頊《せんぎょく》・帝嚳《ていこく》・尭・舜の五帝を聖君と考え、舜から禅譲された禹が「夏」を建国以後、政治は乱れて殷周革命が起こったとされる。歴史の進歩という概念とは逆行した考えであるとされている。儒家はなにかと、古代の聖人君子を目標にせよ、と訓導した。それには自己修養しかないとし、儒教の教えを集約させた「修身斉家治国平天下」を説いたのである。

「進歩」の概念は西洋が持ち込んだものである。ペリーの黒船来航に揺さぶられたとき、日本は鎖国を伝統の国策と信じ込んでいたらしいことが幕府と諸藩の文書にうかがえる。過去から現在に至る通史を知っていたならばあり得ない誤謬である。儒教の影響を受けて日本でも求道の生き方を重視する文化だったからであろう。聖人君子への自己形成をめざす文化では、古代に理想を発見する考えが生まれる。古代の記録が大切にされる。中国では『詩経』、日本では『万葉集』が大事にされた。

明治に入ると西洋の影響が如実に現れた。明六社創立にかかわった加藤弘之はダーウィンの進化論を紹介した一人とされ、西洋思想に引かれた知識人の多くが新しい西洋式の歴史観を習得したという。ダーウィンが一八五九年、『種の起源』を出版してからわずか一四年後である。『漢字と日本人』（高島俊男著、文藝春秋）によると「歴史と進歩」の章で、「江戸時代までの日本人は『聖人の書』を崇拝していた」。「西洋人は歴史を、一本の道をあゆむ人々のようにとらえる」と言っている。著書の狙いから少しそれる内容であるが、この指摘はおもしろい。「人類の諸種族は、一本のまっすぐな道を目的地にむかってあゆむ多くの人々のようなものである。ある者は元気よく先頭を進んでいる。ある者は中間あたりをノロノロあるいている。ある者は最後尾で立ちどまったままである」

こう書いた著者は明治前半期、日本の知識層が読み漁ったアメリカの子ども用世界史本『パーレー万国史』(『Peter Parley's Universal History』)を紹介している。ピーター・パーレーと呼ばれる好々爺《こうこうや》が子どもたちに人類の歴史を語る内容である。当時の常識だったキリスト教史観で一貫していることはいうまでもない。アダムとイヴが神によって創られると、人類の祖として一本の道を歩き出した。やがて世界各地に散って、野蛮人→未開人→半文明人→最高の文明人の差が生じた。文明化の度合いに応じて前に進む。西洋人は最高の文明人として先頭にいるというものである。このとき、文明化とは西洋化と同義である。西洋との違いはそのまま文明化の遅れになる。一本道で歴史をとらえることから結論付けられる当然の歴史観である。

4 「遅れた国」としての日本

この単純な歴史観を多くの日本人が受け入れたとき、日本人は西洋人のはるか後から追いかける集団として自分たちを認識した。同時に、聖人君子の国と見ていた中国が西洋より遅れた国に見え出した。ダーウィンの進化論による歴史観が大きく影響したことは想像するに難くない。ダーウィンの進化論が世に出たのは一八五九年である。思想や文化全般に多大な影響を与えた。日本の明治維新のころと重なっている。西洋化にがむしゃらに進みだした時期と軌を一にしている。植物も動物も直線的に進化していくと見たダーウィンの説と連動して、『パーレー万国史』の進歩史観は大いに説得力を持ったに違いない。

日本人は日本語をも卑下した。論理的な思考をするためには英語のほうが適していると考えたからであろう。森有礼は英語の採用を主張した。『漢字と日本人』によれば、「森はまた、言語だけでなく人種もかえるべきである」と唱えたという。日本人が優秀になるためには体も西洋人のようになることを願ったという。言語変更は明治期だけでなく、第二次世界大戦での敗戦を反省して、日本の代表的小説家の一人として尊敬される志賀直哉（一八八三―一九七一）がフランス語を国語に、と主張したと聞いた。文化と言語とは不即不離の関係と思われるのに、なんと言うことか。日本語を捨てれば日本文化がなくなると考えねばならない。

一本道史観を批判することはやさしい。現在でも日本社会にその名残として、西洋崇拝や舶来主義を指摘できる。しかし日本人自体も今では、西洋化の魔物にとりつかれた近代史の一断面を想像することは難しいようである。

5 日本に大挙する中国人留学生

近代化・西洋化が成功した理由として日本人がよく挙げるのは、教育である。学校教育の普及が唯一の理由でないにしても、西洋の思想や技術の学習が大きな要素であったことはまちがいない。欧米の学校制度に範を求めて教育の整備・充実に努めた結果、明治後半には全国津々浦々、小学校のないところはなくなった。日本は短期間で教育システムを整えた。

日本の近代教育の成果に、中国はかなり刺激された。二十世紀に入るころからようやく清朝政府内で儒教中心の教育の弊害が指摘され始めた。

一九〇三年、清朝政府で西洋教育の導入に積極的な官僚の張之洞（一八三七―一九〇九）が袁世凱（一八五九―一九一六）と連名で「奏請逓減科挙摺」を上奏した。翌一九〇四年、張之洞上奏の「奏定学堂章程」（「学堂」は学校のこと）の公布でようやく西洋教育の普及をめざす新式学校の全国設置が本格化するのである。「奏定学堂章程」は、さかのぼること三二年前に日本で公布された学制をほぼそっくり参考にしたものである。並行して一九〇五年、封建支配

真中は張之洞像、左は曾孫張武厚、右は筆者

の人材を養成してきた科挙廃止が正式に決まる。新式学校の普及と科挙廃止は軌を一にした教育制度改革であった。

清朝は一九〇五年、日本に多くの留学生を派遣した。科挙による優秀な人材を集める代わりの方法を考えなければならない。まずは留学制度に人材育成を期待したのである。西洋知識を隣邦から手っ取り早く学べる便利さに着目した。日本が近代化の手本に映った。その年、日本に留学した中国人は約一万人にのぼった。翌年も同じぐらいの留学生が派遣され、日中戦争以前では一九〇五、一九〇六の二カ年が以後のどの年よりも日本への留学生が多かったのは確かである。

戦前の日本留学生の累計は正確にはつかめない。たとえば家族同伴をどう数えるかの問題もある。研究者の実藤恵秀氏によると、五万人から六万人には達したらしい（『中国人日本留学史』くろしお出版、一九六〇）。自ら留日を経験した孫文秘書の戴季陶のいう十万人説も捨てがたい（『日本論』社会思想社、一九七二）。

中国人の日本留学の急増に応える環境が急速に整った。法政大学が一九〇五年に特別の促成科を設置したほか、早稲田大学も清国留学生部を設けた。全国の各大学が受け入れを競ったのである。このほかに大学進学前に日本語を教える施設として、嘉納治五郎がいち早く開設したのが弘文書院である。文豪の魯迅（一八八一―一九三六）や実弟の周作人（一八八五―一九六七）、のちに中国共産党創設者になる陳独秀（一八八〇―一九四二）らが修業している。

中国では日本に学んだ西洋式の新式学校開設が義務付けられた。各地で競うように開校が相次いだ。清朝崩壊直前の一九一〇年、全国で四万八〇〇〇校を数えた（清朝上奏の教育統計表）。

6　囚人に西洋を学んだ新井白石

幕末の一八五三（嘉永六）年、アメリカのペリー（M・C・ペルリ、一七九四—一八五四）率いる東インド艦隊の来航は日本を揺るがしたが、逆に日本がペリーらを驚かしたことを見のがしてはならない。それは、日本人が西洋の政治外交事情をよく知っていたことだ。江戸時代、諸外国との積極的な交流を禁じる鎖国策をとっていたが、西洋知識の吸収を禁じていなかったからだ。

新しい知識を欲する好奇心が支配階級の武士たちですら強かったのは、当時の中国と比べて驚きである。あとで詳細に触れるとして、中国には十七、十八世紀も優れた西洋人の宣教師たちが訪れ滞在し、西洋学問の普及をはかって相次いで出版もしたが、権力者は一切関心を示さなかったという。

好奇心の強かった日本人を一人選ぶなら、新井白石（一六五七—一七二五）をあげたい。第六代将軍・徳川家宣と第七代・家継に仕え幕政を指揮した儒家であることはよく知られている。『新井白石』（宮崎道生著・吉川弘文館・人物叢書）によると、日本布教の使命を帯びて潜入してつかまったイタリア人宣教師Ｇ・Ｂ・シドチ（一六六八―一七一五）を、白石が訊問して知識を得ている。シドチは九州・屋久島で捕縛されて一年後の一七一〇年、身柄は江戸に移された。白石自ら四回取り調べた。シドチは日本語を学んでいたので二人だけで話ができたという。シドチ持参の貴重な世界地図をはさんで、白石はイスパニア継承戦争（一七〇一―一七一二）や北方戦争（一七〇〇―一七二一）など当時のヨーロッパ事情にも関心をもった。訊問の重点はキリスト教の知識であったが、シドチは博学であったらしく内容は多方面にわたっている。訊問内容は後に、『西洋紀聞』や『采覧異言』にまとめられた。儒学者が同時に洋学者として実績を残したことになる。当時の日本の最高指導者が「囚人」に問いただし、なおかつ執筆したということはますます、中国からは考えられない史実である。

白石はシドチを大変評価した。「凡そ其の人、博聞強記にして、彼方（西欧）多学の人と聞えて、天文地理の事に至ては企（て）及ぶべしとも覚えず」と感嘆して、一六学問に通じたと記している。シドチのほうも白石の非凡を認めて「五百年の間に一人ほど生れ出る人」と評したそうだ。

7　洋書解禁の影響

新井白石の行動を許容する風潮が封建制の厳しい状況下にもあったと推察できる。白石が主導した文治政治は「正徳の治」といわれる。徳川吉宗（一六六四―一七五一）が第八代将軍につくと白石は退いた。吉宗は将軍自ら幕政を引っ張り、一七二〇（享保五）年の、洋書輸入の禁緩和令を出した。西洋観の転機になった。キリスト教関係以外なら洋書の輸入が可能になったのである。長崎を通して、医学を中心に科学技術関係の書籍が入りだした。

さっそく西洋科学に興味を示した平賀源内（一七二八―一七七九）を生んだ。四国・高松藩の足軽という下級武士の出自だ。最初、医学を学んで本草学を修めて自然科学に異彩を発揮している。オランダ語の書籍を通して得た知識で、摩擦電気の実験をしたことは有名という。

一七二〇年の洋書解禁策が、鎖国で独りよがりになりがちな日本人の世界観に針穴を開け一筋の光が入って、歪みを正していったのではないか。細い針穴から西洋を見続けた意義は大きい。世界情勢を幾分か知っていたために、ペリー艦隊に対して無謀な行動に走らず、冷静に対応できたと考えねばならない。

8　羅森—日中の市民交流の先駆者（1）

ペリー来航の際、英語に困惑した幕府役人を救った日本人通訳としてジョン万次郎（中浜万次郎、一八二七—一八九八）の名はよく知られている。しかし、艦隊に随行した中国人の通訳がいたことは意外と知られていない。羅森《らしん》（一八二一？—一八九九）である。漢文書の英文翻訳者であったのをペリー随行員に見出され、日米交渉の裏方を果たしている。帰国後に開国を迫られた幕末日本の見聞記を香港の中国語月刊誌『遐邇貫珍《かじかんちん》』に発表した。

羅森は字を向喬と言った。アジアに君臨した清帝国がアヘン戦争でイギリスに敗れたころ、西洋に触れる機会の多かった広東で多感な青年期を送っている。西欧文明への興味を満たすため、英国に割譲して発展する香港に行く。英語を身につけたのはアメリカ人宣教師のウイリアムズ（中国名・衛三畏）との出会いがきっかけだったらしい。ウイリアムズのほうは中国語に堪能だった。ペリーと知己であったウィリアムズの推薦で羅森は乗船者に入った。漢語と英語

羅森（下田開国博物館所蔵）

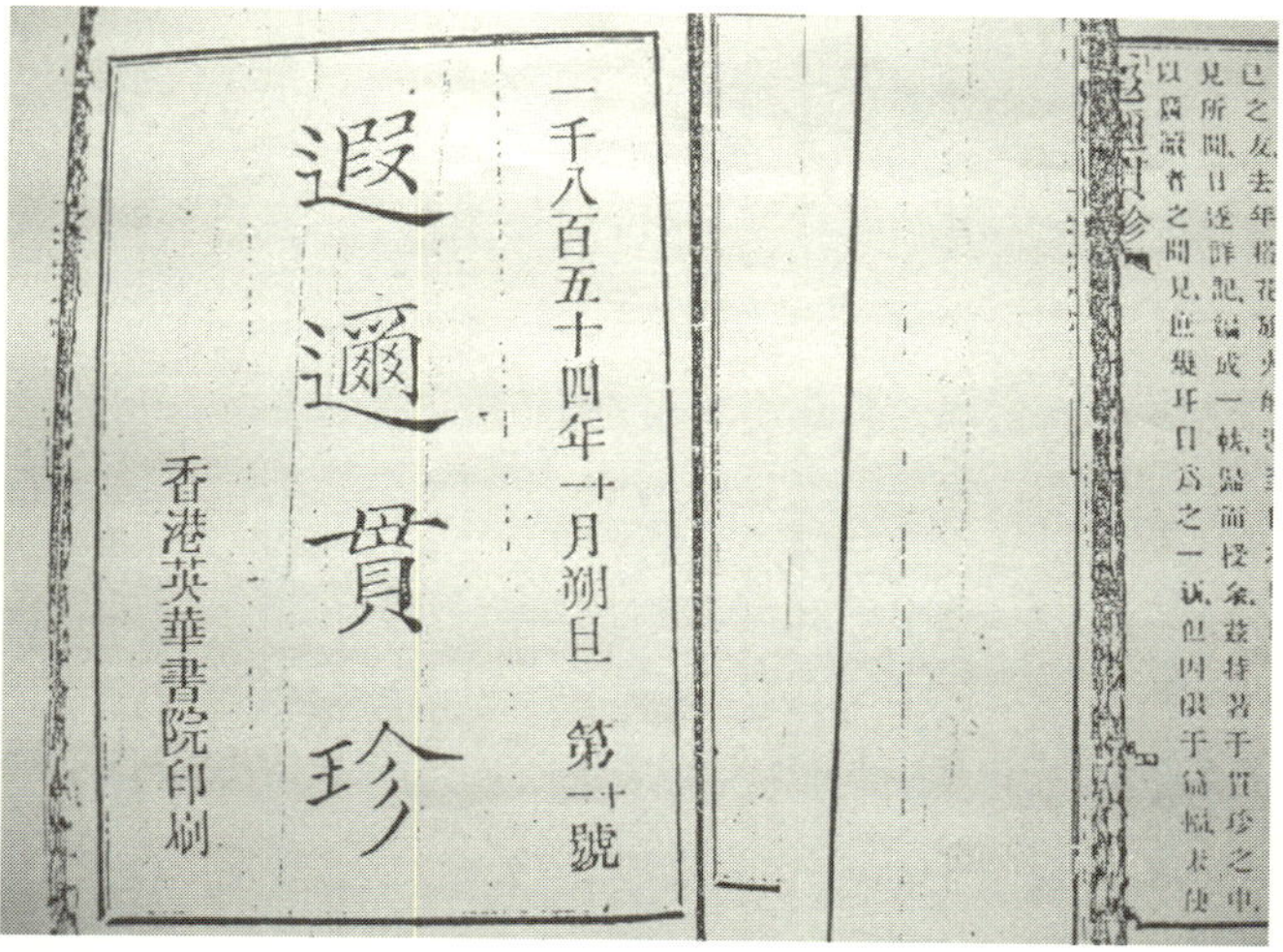

一千八百五十四年十一月朔日　第十一號

遐邇貫珍

香港英華書院印刷

遐邇貫珍

をつなぐ貴重な橋渡し役になる。

「四隻の黒船」で知られるペリーの最初の日本入航は一八五三（嘉永六）年六月のこと、浦賀に錨を下ろした。当時のアメリカは油資源を北太平洋での捕鯨業に頼っていた。広大な海で食料と燃料の補給基地がどうしても必要だった。日本は恰好の位置にあった。ペリーは寄港地として日本に開港を求める使命を帯びていた。油田が本格的に開発されるのは半世紀後のこと。ペリーはフィルモア大統領の「日本大君主」に宛てた国書を持参した。この国書はもともとの英語のほかにオランダ語と漢語に訳されたものも付いていたのである（『大日本古文書・幕末外国関係文書之一』東京大学出版会、一九七二年復刻）。ペリーが、鎖国下の日本は漢語のほかに、オランダ語が通じると知っていたためだ。持ち出し禁止の地図発覚に端を発したシーボルト事件（一八二八年）で有名なドイツ人医師P・F・シーボルトの日本印象紀を読んでいたからという。国書の漢語訳は羅森によるものである。

9　羅森――日中の市民交流の先駆者（2）

強行した最初の日本入港には羅森は乗船していない。鎖国の日本は〝世界語〟の英語がまったく通じない国である。ペリーは困ったに違いない。日本では漢文が国際語の位置にあることを知って、艦隊は国書を渡しただけで交渉らしいこともせずにわずか一〇日間で日本を離れた。いったん香港に戻って、再入国のメンバーに羅森を乗船させることにしたのだろう。

羅森はペリーに見込まれたのである。「合衆国が日本で通商の事を相談したが、手っ取り早く宜しいということにならなかった……この年（一八五三年・筆者記）十月二十二日に、ある友人から一緒に日本へいってほしいと頼まれて……」と、羅森自ら見聞記に書いている。「友人」とはウイリアムズと思われる。日本再訪に万全を期した艦隊は九隻の規模に膨らんでいる。香港出航は一八五三年の暮れに近かった。

一方、日本側もペリーの再訪に備えて、英語を理解できる人材を探した。生きた英語を話すことができる人物が一人いた。高知のジョン万次郎である。万次郎はもとは高知の漁師である。十四歳の一八四一（天保十二）年のとき高知沖でカツオ漁を襲った台風で遭難し、アメリカの捕鯨船に救われた。船長の居住地マサチューセッツ州のフェアヘーブンという小さな町で学校に通い、素直な人柄と明晰な才能を発揮して優秀な成績で、町の人々に好かれたという。望郷にかられ、鎖国の禁を犯してでも帰国を希望して沖縄にひそかに上陸したのを見つけられて捕まり、厳しい取調べを受ける苦難をなめて、故郷に戻ることができたのはペリー最初の来航前年の一八五二（嘉永五）年のことだ。「密入国」から一年半後、遭難からは一二年近くであった。生の英語の中で一〇年近く生活した。故郷では謹慎せざるをえなかったが、ペリー来航が転機になった。幕末の歴史の表舞台に名を刻むのである。「ジョン」はアメリカで船長からつけられたファーストネームである。船名に由来する通訳の功績でのちに高知藩から郷里の地名からとった姓を授かって「中浜万次郎」と称した。

10　羅森—日中の市民交流の先駆者（3）

さて、ペリー艦隊は再訪途上、琉球（沖縄）に立ち寄っている。燃料補給の狙いがあったらしい。新しい一八五四（安政元）年の正月を琉球で過ごし、二月初め、ペリー艦隊は出航して、江戸近海に再び威容を現した。一回目に入港した浦賀沖を過ぎ、江戸湾深く入り込み二月十三日、横浜沖で停泊した。幕府はお膝元を侵されて、しかも艦船数を増やした艦隊に威圧されたことであろう。

羅森は横浜沖から望見した印象を書いている。富士山の描写から始まった。「百里の彼方に尖った峰が約八里の高さで聳え、白雲が低迷している……海岸べりには日本側も官艇百艘余りを繰り出し……武装を固め……」「翌日、二、三艘の官艇がやってきた……船尾に御用の二字……彼らを招いて汽船に上がらせ丁重にもてなした……服装は広袖のゆったりした着物、腰に二本の刀、髪を束ね、前額を剃り上げて、足には草履を履き……」。あわてふためく中で、ものもしい幕府の応対ぶりが伝わってくる。

羅森は弁髪の小柄な体格で、優しい印象を与える人物であったようだ。幕府の役人は乗艦検察の折、大柄な乗船者の中に羅森を見つけて、安心したのかさっそく筆談をしている。幕府の役人は「われわれは中国を文物の国として尊敬する」などと書いて名乗ったという。漢字で意思を交換できる中国人がいたので、ほっとしたありさまが想像できる。

交渉でペリーに対したのは学問を司る大学頭の林復斎であった。復斎は若いときから秀才の誉れ高く、幕府に能吏と認められて大学頭になったばかり。秀才とはいえ、儒教の典籍を通して漢文と親しんでいたが、横文字とは縁遠かったはずで、西洋人との応対に四苦八苦したことが想像される。言葉の通じない公式の交渉に、裏方にすぎない羅森や万次郎にも出番があったと思われるが、羅森の交渉の記述が残っていないのは残念である。日本の印象のほかに日本人との交流ぶりが主に記録された。三月三日、日米和親条約を結ぶ。「……話が成立し、箱館（函館）・下田の二港を、薪水・食料・石炭の供給場として認めた。それ以後、両国は誼みを通じてそれぞれ猜疑を解いた。ペリー提督は……林大学頭を船上の宴会に招待し……日本の役人数十名が列なった……」。宴会の翌日、ペリー側は小汽罐車（機関車）、救命艇、電信機、写真機などを大君に贈り、陸上で円形軌道を作り小汽罐車を走らせたり、電信機を試したりしたという。

猜疑のうちに始まった交渉が、なごやかな交流に変わっていく様子がうかがわれる。二人の活躍がなければ適わなかったと思われる。大胆に想像すれば、交渉の裏方として英語のやりとりで日本側とアメリカ側の意向を伝えあったに違いない。アメリカを知る万次郎は幕府の人たちに、ペリー側の真意を伝えたかったであろう。アメリカ人と行動をともにした羅森のほうもペリーの考えを懸命に説明したと思われる。歴史上最初の日米交渉をまとめた功労者として、万次郎（英語通訳が幕末、希少価値であったことはその後、幕府から米書の航海関係書の翻訳を命じられたり、一八六〇（万延元）年の遣米使節の通弁主務として咸臨丸に乗船したりしていることにうかがわれる）とともに、もう一人、中国人の羅森を忘れるわけにはいかない。

11　羅森――日中の市民交流の先駆者（４）

羅森は、同じアジア人として隣国の異文化に触れて驚いている。通訳について詳しく書き残さなかったのは日本で見るもの聞くものに関心が向いたからであろう。艦隊は交渉中、幕府の回答を待つ期間を使って、横浜を離れて箱館や下田に寄港しており、羅森は船を降りて上陸しては歩き回っている。日本人と中国人は漢文で「同文対話」ができたので、たくさんの幕府役人と筆談し漢詩を交換している。

雇女のなかには肌を露にだして働いているものが少なくない。公衆の面前で、男は太腿を出して憚らない。女が春画を見ても怪しまれない。

日本は……略奪暴行の風はかつて行われたことがない。家屋の入り口は紙を糊付けした障子であるが、泥棒がはいるようなこともない。

性風俗について男女ともあっけらかんなのにはとくにびっくりしたようだ。盗みを考えない治安のよさには感嘆している。

下田の人民は皆、仏教を重んじている……山際、海辺の別なく、石に刻んだ仏像が沢山ある……大安寺に至ったとき仏に拝んでいる人を見たが……拝んだ後で銭数文を箱に投げ入れるのをお賽銭と呼んでいる。

道に迷ってめぐり合わせた村で、アメリカがどういう教えを奉じているかと質問されて、一神教について懸命に説明した体験を書いている。

唯一神とは造化の主宰者ということ。いわゆる裏表なく仕えるならば、しまいには多くの幸福を手に入れられる。

禁教であるキリスト教にも好奇心を示す日本人に熱心に応じている。羅森は信仰者だったのか、「道端であったため意を尽くせなかった」と悔しがっている。

12　羅森――日中の市民交流の先駆者（5）

太平天国の乱（一八五〇―一八六四）が起きて間もなく、日本はペリー艦隊を迎えた。幕府の役人は清朝を揺さぶるこの大乱勃発の情報を得ていたため、羅森にさっそく問うている。「原因を教えてほしいというので……動乱の記録と、自分の治安に関する論策を見せてやった」。したり顔が目に浮かぶようである。

動乱の記録を希望して借りた平山謙二郎という役人は一両日で読み終えた後、お礼を長文の漢文にした。それには自分の所見も披瀝してあった。儒教の教えを忠孝廉恥にありとしたうえで、「孔子は稀にしか利を語らず、常に利の源をふさぐよう」求めている。外国と交わりを断っていたのは、民が利に惑わされることを恐れたためであったと説明した。そして羅森に、アメリカの船に乗船している機会を生かして各国君主に孔子の教えを広めていただきたいと訴えている。多くの幕府役人の真情であったらしい。羅森と親密になり、打ち明ける気持ちになったのであろう。このことは、幕末の日本では当然ながら、儒教的価値観が普遍的だったことを裏付けるものである。

下田には一カ月滞留し、多くの見聞をしたようである。日本人は男女とも扇子を大事にしていたといい、揮毫を頼まれた扇子の数は千本を下らなかったと書いている。平の役人ながら漢詩を作って、「中国は文物の邦」と尊敬を表しながら揮毫を求めてきたという記述もある。武士階級に漢文の教養が広くいきわたっていたことをあらためて認識させる。

日本人のイメージについて、一人の若い武士「伊沢氏の小姓、桂正敏」を挙げて記した。「年が若かったけれど……身に二本の刀を佩し、意気軒昂、はきはきと応答し、また会見の場でアメリカの将軍を巧みに素描した。大変聡明夋敏」で、合衆国の兵士に可愛がられたと紹介している。

山には樹木がこんもり茂り、雉、小鷹、烏、野鴨、狸の類が棲んでいる……（ペリー）提督は上陸して法順山の了仙寺に宿泊した……仏殿の傍らに墓地があった。檀家の善男善女の墓である。墓は石でつくってあった……寺の後ろには亭があり……茶会が催されて男女千人あまりが境内を出入り……

柿崎の玉泉寺近くの山に「躑躅の花が真っ盛りで、そのほか様々花が咲いていた。ウイリアムズは、名花数百種を採集して、押し花に……」と表した。ウイリアムズは鳥獣草木に詳しかったので、羅森は影響を受けて自然観察も学んだようである。

13　羅森―日中の市民交流の先駆者（6）

下田では親睦がかなり深まった。筆談で込み入った議論も交わしている。幕府からは、艦隊に同道している羅森が不思議に映ったようである。明篤という日本人が真剣に尋ねている。

「貴兄が中国の人士であるのに、どうして外国人につき従っているのか。それでは孟子が言っているように、喬木を下って幽谷に入るもので、人間の堕落ではないか」。これに対して羅森はていねいに答えた。「七律の詩一首をよんで、それに自分の考えを盛って、彼に示した」という。黒船来航以前の日本人は出遭った西洋文明を野蛮とみなし、儒教文明に自尊心をもっていたことが分かるエピソードである。西欧崇拝に走る以前の日本人の政治観や社会観が描写されている。貴重な記録と思われる。

艦隊は六月初め日本を離れた。香港に戻った羅森は約四カ月余りの見聞を「羅森日記」という題で香港の月刊雑誌『遐邇貫珍』に連載した。全文あわせても短文の部類である。当時の香港は中国国内にはない開放的な環境にあった。自由なルポ風の文章が多くの読者を得た。

なお、ペリーは日本再訪からわずか四年後に亡くなったが、『日本遠征記』全四巻（岩波書店、一九九七年八版）を残した。交渉や調印の模様など、羅森とは違って西洋人の視点からの日本観が著されている。同じ出来事や当時の日本の風土や習慣がまったく対照的な異国人によって描かれたわけで、ペリーと羅森の見聞記を併せ読むと幕末の日本像がより立体的な印象を受ける。「羅森日記」はその一部が日本語訳されて、『外国人の見た日本』第二巻（筑摩書房、昭和三十六）に収録されている。その中国語の全文は現在、中国・鐘叔河編『走向世界叢書』（岳麓書社、一九八五）で見ることができる。

羅森によって初めて中国人は、日本文化を異文化の視点でみることを教えられたと思う。日本人の生活がいきいきと伝わって、中国人の日本観が変わる画期になった。それまでの日本観は古代の『魏志倭人伝』の残像と倭寇の影響を引きずって、野蛮か、そうでなければ恐ろしい倭人像が主流であった。そこに、中国人と異質の文化環境で暮らす友好的な最新の隣国像が伝えられた。欧米人との交流で訓練された客観的な描写法が生きたと思われる。幕末の江戸近辺の暮らしを冷静に観察した羅森の功績は計りしれない。羅森が近代の日中交流のレールを敷いた先駆者であったことは間違いない。

羅森のあと、次々と中国人が日本を見聞した。実際に日本を見れば、中国が引きずってきた日本観との違いに気付かざるを得ない。すでに触れたが、日本研究の三白眉が著されるのにそう時間はかからなかった。一八七六（明治九）年に赴任した最初の駐日公使随行の参事官・黄遵憲（一八四八―一九〇五）が著した『日本国史』四〇巻（一八九五）のほか、孫文秘書の戴季陶の『日本論』（一九二八）、魯迅の弟・周作人の一連のエッセイである。ほかにも日本研究の著作が生れている。不幸な日中戦争による中断があったが、近年の成果はすさまじい。

日中交流の歴史二〇〇〇年以上に比べれば、一衣帯水の両国のいがみ合いはわずかの期間である。日中の親近感を高めた羅森をもう一度思い起こしたいとつくづく思う。

14　西洋化への準備期間

日本人は、ペリー来航をきっかけに西洋の魅力にとりつかれたようである。鉄道の駅を想像していただきたい。日本人はみんな中国行きの各駅停車に乗っていたが、向かいのホームに欧米行きの急行が着いたとたん、そのスマートな車体に目を奪われ、われ先にと乗り換えた。走り出してすぐに、乗り心地がいいといううわさが広まり、駅に着くたびに日本人が乗り込む光景が繰り返されているというようなものだ。「羅森日記」によれば、ペリーが日本再訪時、模型の蒸気機関車を走らせたという。幕府役人たちが興味深く見つめ、感嘆の声をあげたといい、好奇心の強い日本人の姿を羅森に印象付けた。指導者層のリアクションが中国の場合とは違っていたからであろう。羅森がこの印象を書いたときすでに日本の急速な西洋化を予想していたかもしれない。

考えてみれば、歴史の大転換期は突然にはやってこないものだ。何事もその前兆なり原因なり、起承転結がある。西洋の文物に触れることを許した将軍徳川吉宗による一七二〇年の洋書輸入の禁緩和令がペリー来航で花開いたともいえそうだ。西洋化が歴史の流れとして避けられないとするなら、切り替える準備に一三〇余年かかったという見方がなりたつのである。

準備の大詰めで日本と中国で大きな差異がみられる。新知識に対する受容の違いが極端である。中国人がせっせと種をまき実をならせたところ、食べずにまずいと思い込み、通りかかった日本人がおいしそうな実だと信じてたっぷり買い込んだような実例がある。中国人の鉄面皮の気性が障害になっているとしか思われない。反対に、日本人のほうは旺盛な好奇心の気性を裏付けている。

15　アジア初の百科事典

アジアで最初の百科事典と位置づけされる魏源の『海国図志』全五〇巻が出版されたのが一八四二年。アヘン戦争と軌を一にしている。四七年に増補して全六〇巻に、五二年には全一〇〇巻の大百科事典になったことはすでに触れた。すぐに絶版になっている。一〇〇巻本出版から一〇年たって、長州藩士の高杉晋作が上海で探し求めたが、絶版と知り慨嘆したとされる。中国人の日本研究シリーズ・東アジアのなかの日本歴史六『明治維新と中国』（呂万和著・六興出版）に詳しいが、この百科事典は中国より日本で高く評価され、翻刻・翻訳されて大いに活用された。中国人自身による洋学樹立という画期的な事跡になったにもかかわらず、中国では注目されなかったのである。

魏源という人物はあまり知られていないが、イギリスを相手に筋を曲げずにアヘン貿易の厳しい取り締まりを貫いた林則徐の親友である。アヘン戦争が一八四〇年に勃発し、その劣勢の責任を取らされて林則徐が辺境に流された。魏源は科学技術の遅れを痛感せざるを得ない位置にいたのである。『海国図志』は、戦略として「夷の長技を師とし、もって夷を制す」を信条に西洋知識を収集し整理したという。

中国が魏源に報いることは少なかった。『海国図志』を評価せず、ほとんど利用しなかったのだからしかたがない。官吏として与えた最高のポストが地方官の「知州」程度で、さみしい晩年だったという。日本で『海国図志』が活用されていることを知ることなく一八五六年に亡くなっている。

日本で『海国図志』がどのように活用されたのか。一八四七年刊行六〇巻本は日本に五一年に三部、翌年に二部伝わった。五二年刊行の一〇〇巻本は五四年に一五部が日本に渡り、うち七部を幕府に、八部が市場に出されて売れた。輸入すればその全部がすぐに売れるというぐあいに日本人は重宝がった。需要を満たすにはとうてい足りないため幕府能吏が翻刻出版をさせている。項目を選んだが、五六年までの二年あまりの間に二一件も主要翻刻版が出た。ペリー艦隊来航に刺激されたことが大きく、いかに日本がいっぺんに世界の諸知識を得ようとしたか想像される。重点的に翻刻されたところは西洋兵器やアメリカ、イギリス、ロシアである。日本で全巻を手中にするのが難しいとあって、高杉晋作は海を渡った機会に買おうとしたわけで、絶版にはほんとうにがっかりしたことだろう。

二〇〇六年八月、長州藩のお膝もとの山口県を訪れた際、山口市の県立博物館で「和漢書の世界展」を見学した。江戸時代から明治期にかけ政治、経済、社会に影響したたくさんの書籍のなかに、当時の復刻版『海国図志』があった。多くの人に読まれて活用された手垢のあとが如実に判るものだった。長州藩は明治維新を指揮した逸材を陸続と輩出したが、この復刻版が背景にあったと想像して愉快な気分になったことを忘れられない。このほか、陰暦から陽暦に切り替わった一八七三年、陽暦採用を支持した福沢諭吉が長所を説いた『改暦弁』も展示されていた。簡便なパンフレットのような印象を受けたが、西洋知識の普及においては計りしれない功績を果したに違いない。

封建中国は、儒学を中心に体系化した学問の世界を疑わず、自給自足の枠を外そうとしなかった。洋学（西学）を普及させようとしたのは中国にやってきたキリスト教宣教師たちである。前出の呂万和著『明治維新と中国』を参考にすると、明代末のマテオ・リッチ（利瑪竇、一五五二―一六一〇）がさきがけという。ほかに、アダム＝シャル（湯若望、一五九二―一六六六）、ジーン＝テレンツ（鄧玉函）、ギウリオ＝アレーニ（艾儒略）、ディダコ＝パントハ（龐迪我）の名が挙がる。聖職者であると同時に学術も修めた碩学であるため、中国の知識人の協力で西洋学術書を漢訳して紹介した。布教の一助になると期待したためである。リッチは学者としても著名な徐光啓（一五六二―一六三三）とのペアでユークリッド幾何学を訳した『幾何原本』を出した。テレンツはガリレオ＝ガリレイの同窓といわれ、『遠西奇器図説』はガリレイの発明や近代力学の原理を説明している。シャルが手がけた啓蒙書は二〇〇種以上にのぼったという。書籍刊行に尽力した主な宣教師だけでも約二〇人にのぼり、広い分野にわたって西洋知識が溢れたといえる。これらが蓄積されていたならば中国の学術発展に貢献していたはずである。しかし、科挙制度の下では洋学は邪道とみなされ儒教だけが主流だった。

漢文は日本の知識人にとって読みやすい外国語だ。東シナ海のブックロードを通って、中国で漢訳された洋学本が陸続と入ってきた。一七二〇年の洋書輸入の禁緩和令でもっとも恩恵を受けたのはこうした西洋学術関係の漢書である。日本国内では洋学学習熱が高まり、『海国図志』ブームを招くのである。

16　西洋を学習する意欲の差

もう一つ見のがせないことがある。中国には科学知識をもった外国人宣教師が多くいたうえに出版に直接かかわった。しかし日本では、西洋原書を翻訳しようとしても西洋人が傍らにいなかった。この不利な条件を克服しなければならなかったということだ。この典型的な事例が、前野良沢（一七二三―一八〇三）、杉田玄白（一七三三―一八一七）、中川淳庵（一七三九―一七八六）、桂川甫周（一七五一―一八〇九）らが江戸で苦節三年半、一一回の改稿を重ねて一七七四年に和訳を完成させた『解体新書』である。原典はドイツ語というが、オランダ語訳の解剖書『ターヘル・アナトミア』をオランダ人に問うこともできないまま完訳した。日本で最初の本格的な翻訳になった。現在なら、外国人を見たこともなく、学校にも行けず、テレビ・ラジオ講座も聞くことができない劣悪な学習環境で外国語を勉強しているようなものだ。悪条件を苦にしない頑張りが前野良沢たちを支えていたわけである。

西洋を学習する意欲が、実行段階に差をもたらしたことはいうまでもない。日本はなんでもすぐに受容したが、中国は逡巡したり拒んだりした。後になるほど、その落差が開いたようである。

汪向栄の『清国お雇い日本人』（朝日新聞社、一九九一）と、同書にも引用されている実藤恵秀の『中国人日本留学史』によると、鉄道・産業、通信・出版、教育、制度・法律などほとんどの分野で日中の落差を確認できる。

第5章　日中の愛国心の違い

1　阿倍仲麻呂（日本人特有の望郷心）

「ふるさとは遠くにありて想うもの」。同じような意味のことわざに、「故郷忘じ難し」というのもある。日本人は、ふるさとを忘れられないという。忘れられないと信じているというほうが正確かもしれない。四季で変化する美しい山河のふるさと。うれしいときも悲しいときも、ふるさとの風土が心に浮かんでくる。だが、中国人なら、「ふるさとの人々は遠くにありて想うもの」と言い換えたくなるだろう。日本人のふるさと志向は歴史の偉人にもその例を見つけられる。遣唐使に加わり唐に渡った阿倍仲麻呂（六九八―七七〇）が望郷の士であったことは広く定説化している。

仲麻呂は、渡唐以来三六年過ぎた七五三年、ようやく日本への帰途に着いたが、船は季節風に翻弄されて安南（ベトナム）に漂着して帰国を果たせなかった。故国を恋焦がれる思いを募らせながら七七〇年に異国の地の長安で亡くなったといわれている。このことは望郷の心情を埋められなかったとして仲麻呂を歴史の主役に仕立てている。

望郷は、あらゆる民族に共通する心情である。仲麻呂もその一人だったことは疑いない。日本で生活する華僑、華人はどうか。六〇万人を超えるが、その中には長い間中国に戻っていない人も多い。彼らの間で望郷が話題になることは少ない。望郷といいながら、中国人は、どこかドライ、淡白を免れないと思われる。それに対し、日本人の望郷はウエットである。なにか固有の感性に引きつけられているような印象が常にしている。日本人の一人だった仲麻呂も、日本人特有の心情に強く引かれていたように思われる。特有の望郷心を実像として描き出せれば、日本的思考の特徴も浮かび上がろう。

仲麻呂と好対照の中国人を同時代で探し出せる。それは名僧鑑真（六八八―七六三）だ。日本での仏法流布を願う鑑真と日本へ帰ろうとした仲麻呂は、同じ遣唐使船の帰還便を利用した。二人は七五三年、蘇州を出航するとき計四船の別々の船に乗った。第二船に乗った鑑真は現在の鹿児島県に漂着して渡海できた。仲麻呂は第一船に便乗し、沖縄にいったんはたどり着きながら、その後不運にも遭難したのである。東西一〇〇〇キロから一五〇〇キロの東シナ海の航海だが、現在からは想像もできないほどの大冒険だったのである。

海南島平和公園・鑑真の像

鑑真にとっては、普及の上ではまだ準備段階の日本で仏教興隆の礎を築きたいというのが渡海の決意だったことは言うを俟たない。すでに律宗の高僧として中国国内に名を知られ、揚州の大明寺で講座を開いていた。中国留学僧、栄叡と普照が渡唐九年を過ぎて高名の戒師を日本へ案内するようにとの朝廷命を果たすべく、鑑真に懇請したとされる。日本への渡海成功は決意から一二年後、六回目にしてようやくの達成であった。年齢は六十歳代半ばという高齢に達し、渡海への労苦によって失明までしている。鑑真の苦難は井上靖の『天平の甍』（中央公論社、一九五七）に再現描写されているところだ。鑑真が平城京入りしたのは七五四年だったが、東大寺の大仏の開眼供養からは二年後である。渡日から亡くなるまで一〇年足らずで、布教への使命に燃え、東大寺に戒壇を設け、日本仏教興隆の基礎をしっかり構築した。その功績ははかりしれない。

鑑真の渡日は、後年のヨーロッパのキリスト教宣教師による地球規模の布教活動に重なる。宗教のミッションは生地や故郷を捨てて成り立つらしい。布教活動に奉仕する人たちは故郷を思わないわけがないであろうが、布教の地で生涯を終えることも厭わない。鑑真についても、望郷にかられたことは寡聞にして知らない。異郷の地で命果てても悔やむことはなかったと思われる。使命に忠実な信念が郷愁にまさっていたからであろう。

2　郷愁を捨てる精神

東大寺大仏の開眼供養で導師を務めた菩提僊那《ぼだいせんな》（七〇四―七六〇）についても一言触れないわけにはいかない。西域を経て中国の五台山で修行、遣唐使の要請で七三六年に渡来したインド僧である。鑑真と同じように、仏法をよりどころにして故郷は捨てている。この菩提の渡日にベトナム地方出身の僧も同道した。鑑真に従って日本にやってきた青い目の僧もいた。中央アジア出身とみられる。このことは、王勇氏の『唐から見た遣唐使混血児たちの大唐帝国』（講談社選書）に詳しい。

生まれ育ったところへの郷愁を捨てることのできる精神的背景は何であろうか。使命感というか、あるいは目標意識というか、人を行動へと駆り立てる信念といったものと考えられる。使命感は目的をもち、言葉に表すことができる。

故郷を遠く離れながら郷愁に縛られないでいられるのは宗教上のミッションの場合だけに限らない。歴史上の偉人に、故郷や生地に戻らなかった例は多い。長い中国史では詩人の李白（七〇一―七六二）にしろ杜甫（七一二―七七〇）にしろ、広い大地を放浪する生き方を全うしている。広東省を中心に独自の方言を保ち続ける客家《はっか》も故郷に縛られない生き方を宿命としてきた。もともと華北が生活地とされる漢族の一集団である。集団として出身地を捨てて南へ移住した。現在の難民に通じる例かもしれない。客家と共通する心情の集団が世界に散る華僑（華人）である。故郷を遠く離れて異国に移り住み、中国人の自意識を忘れないでいる人々である。東アジアや東南アジアを中心に世界では三〇〇〇万人以上いるとされる。シンガポールでは主流の民族であり、マレーシアでは三割を超える。生地に帰ろうとしない集団を生み出しているところが中華民族を特徴付けているようである。

3 科挙

日本は七一七（養老元）年、長安を模して建設した平城京が開城してから最初の遣唐使を派遣した。多治比県守《たじひのあがたもり》を大使にした五五七人という大規模なミッションで、新興国日本の威信をかけた。派遣要員は厳しく人選された。留学生に選ばれた仲麻呂は「ときに十有六なり」（『日本後記』）の若さで、同期には、少し年上の吉備真備（六九五　?―七七五）がいた。真備は後にもう一度日中を往来し、日本王朝政府で右大臣にまで上り詰めた。仲麻呂も真備も将来を嘱望された留学生の逸材だったことは間違いない。

仲麻呂は、長安に到着してまもなく科挙受験の養成学校の「太学《たいがく》」に入った。唐朝で高等文官を目指したのである。向学心を満たしながら四、五年後の二十歳を過ぎたばかりで、難関の進士に及第している。科挙試験の中心テキスト『論語』だけで一万一七〇五字、四書五経全部では四三万余字になる。四書五経とは儒教の経典である。キリスト教の聖書や、イスラム教のクルアーン（コーラン）に位置づけられる。四書とは『論語』『孟子』『大学』『中庸』であり、五経とは『易経』『書経』『詩経』『礼記』『春秋』である。

高等文官採用試験「科挙」はこの暗記力も競った。引用を求める試験回答文に間違いが一字でもあれば致命傷になる。一日一〇〇字ずつ休みなく覚え続けたとしても一二年もかかる。儒教経典をよりどころにした科挙の試験内容は前述した生活の知恵の結晶と理解され、擁護されているから、中国人に立身出世の道として普遍的に受け入れられたのである。それ故、古代以来の科挙制度が二十世紀初頭まで存続しえたのであろう。

科挙は「郷試」と呼ばれる地方試験と「会試」「殿試」の中央試験からなり、中央試験の受験資格は地方試験の合格者に限られる。科挙が最も徹底した清朝前期、郷試には全国で一〇〇万人以上が受け、及第が一〇〇人に一人、会試・殿試は約三〇人に一人という狭き門で、やっと三〇〇人前後の及第者だけが栄誉の「進士」の称号を得た。科挙の狭き門を中国史は「五十少進士」という言葉で伝えている。五十歳で進士になることができればまだ若いほうだという意味である。

仲麻呂の及第は二十歳になるかならないかである。外国語の漢文に精通し漢詩も詠む外国人進士の誕生は漢族社会を驚かしたことだろう。科挙及第は将来の栄達を約束した。唐朝の客卿の道を歩んだ。「末は間違いなく高級官吏」と、若い仲麻呂も得意になったに違いない。最初の任官は皇太子側近として仕える「左春坊司経局校書」。文才が秀でていたためか、交遊した中に盛唐を代表する詩人の王維や李白らがいた。最後の勤めは皮肉にも漂着した先の安南の節度使。南の辺境を治める重職である。

なお、仲麻呂から一世紀たった晩唐のこと、朝鮮半島の新羅人、崔致遠も科挙に及第している。身分や出自を基本的に問わない試験制度だったとはいえ、異国人の及第者数は限られる。崔致遠は十二歳で渡唐、十八歳で及第しており、逸材であったことがわかる。こちらは数年後に帰国し、官途についている。

4　望郷の阿倍仲麻呂

当時の唐は世界帝国であった。都・長安は一〇〇万の人口を擁し、その一割が異国人であったらしい。中国文明の中心地としてばかりでなく、シルクロードを通して西域からヒト・モノが流れ込んで魅力に富んだ大都市であった。とくに進士に及第した仲麻呂は先進文化に触れる機会が多く驚嘆しながら、その栄華を享受したであろう。毎日が新鮮で、飽きることのない時間を過ごしたと思われる。

しかし、仲麻呂は自分の渡唐に続く遣唐使一行が一四年後に長安にやってきたとき、その帰国に便乗して自分も帰国したいとの許可を玄宗皇帝に申し出ている。望郷の気持ちが募りだしていたらしい。このときは許可が下りなかった。玄宗の寵臣であったのが不許可の大きな理由だったとされる。このとき親友の同期の留学生、吉備真備は帰国メンバーに入った。仲麻呂は帰国一行を見送ったあと、望郷を漢詩に詠んだ。

義を慕って名空しくあり忠を輸《いた》せば孝は全からず
恩を報ずるに日有るなし帰国は定めて何年ならん

三十歳を超えて働き盛り、自分の行く末を考える年ごろである。故国に残した親が老齢に達したことに焦りとも見られる気持ちを詠み込み、帰国への思いは早くから募り膨らんでいたことが分かる。七五二年、日本からの遣唐使の一団がまたやってきた。この一行を引率する責任者の副使にあの真備がいた。五十三歳になっていた仲麻呂にとって、親友との再会によって帰国を駆り立てられたことは想像できる。皇帝直属の秘書監・衛尉卿の要職について、エリートとしての出世が保証されていたにもかかわらず、郷愁のほうがまさった。このときの一行の帰国に便乗できなければ故国の地を二度と踏む機会は訪れないと考えたであろう。仲麻呂の訴えが玄宗に届き、帰国許可が下りた。玄宗の臣らしく唐朝の使者として「送日本使」の資格で帰国一行に付き添わせる、という条件付きであった。七五三年のことである。仲麻呂に対する送別の宴が賑々しく開かれている。王維が惜別の情を詠んだ「秘書晁監の日本国に還るを送る」は『唐詩選』にも採録されて後世の中国人に膾炙したが、日本人の間では仲麻呂が詠んだ「天の原ふりさけみれば春日なる三笠の山に出でし月かも」(『古今集』)が広く口ずさまれている。長安を出た一行が大運河を通って出発港の明州(寧波)に向かう途中、船が長江に出たところで当時は中の島であった金山を眺めて故郷の情景を思い出して歌にしたといわれている。

しかし、仲麻呂の帰国はかなえられなかった。彼の乗った第一船だけが遠くベトナムに漂着したのである。悲惨が待ち受けていた。漂着地で襲撃に遭い、乗船者一七〇人のうち助かったのは仲麻呂を含めて一〇人くらいだった。しかも長安に戻ることができたのは遭難から二年もたってからで、仲麻呂はその後、唐朝の廷臣を全うし唐土に骨を埋めた。

日本人のほとんどが仲麻呂に親しみをもっているのは、こうした歴史の荒波に翻弄された生涯に同情しているからであろう。だが、仲麻呂は帰国をあきらめ切れたであろうか。

不思議なことに、阿倍仲麻呂の唐朝におけるエリート履歴はほとんどの日本人に知られていない。けれども、帰郷をかなえられなかった悲劇の人物として真っ先に仲麻呂の名があげられる。故郷を懐かしがるのが人間としてごくふつうの感情であって、偉人ですらホームシックにかかるとみられて、仲麻呂は同情される存在のようだ。

5　ラフカディオ・ハーン（望郷を意識させない西洋人）

望郷における日本人についての不思議は、日本で骨を埋めた著名な外国人を語るとき、どういうわけか、望郷を念頭に置いていないことが多いようである。中国人の鑑真の場合もそうだし、明末の儒学者朱舜水もそうである。日本に尽くした聖賢は望郷を超越した偉人として考えているからだろうか。それは日本人らしい判断であって、鑑真に望郷の情がなかったわけではない。

中国人ばかりでなく、日本を訪れた西欧人にも望郷を意識させない人が何人もいる。母国に戻ることなく墓が日本につくられた。明治時代に顕著な例が多い。小泉八雲（ラフカディオ・ハーン、一八五〇―一九〇四）はギリシャ生まれのイギリス人でありながら、アメリカに渡り、新聞社の記者として取材で訪れた日本に惹かれ渡来とともに住み着いた。藩士の娘と結婚し日本で亡くなった。ポルトガル人のヴェンセスラオ・モラエス（一八五四―一九二九）は、もっと日本人になりきった人物だったかもしれない。リスボンの名門の家系に生まれ、海軍士官として一八八九（明治二十二）年の来日を機に日本に興味をもち、日本への領事館設置を母国に働きかけて神戸や大阪の総領事を勤めた。一九〇〇年に美人芸者福本ヨネを落籍したが、先立たれるとヨネの故郷の徳島に居を移し、晩年は一人きりで暮らしたという。

ハーンは、古きよき日本の暮らしに安らぎを見つけて日本に帰化した。弱肉強食のサバイバルが横行する西洋と比較しながら、温和な習慣に彩られた日本の庶民に惹かれたことが代表作の紀行文からよく分かる。日本についての印象の多くの作品が、明治二十七年出版の『知られぬ日本の面影』に納められている。

日本では古の牧歌的な暮らしの一部が明治の変革の陰に今なお残されている。そういう古い暮らしぶりをほんの束の間でも味わった者には、西洋で叩きこまれる考え方――『生存競争』だとか『闘争は義務』だとか、富や地位を得るためには、なりふりかまわず弱い仲間を踏みつけに『せねばならぬ』とかいう教えは、何か恐ろしく野蛮な社会の掟のように思えてくる」（小泉八雲著『明治日本の面影』「出雲再訪」、講談社学術文庫）

自然と一体化した牧歌的な情景と日本人の庶民が必ず共存しているのがハーンの日本観の要になっている。西洋にはない魅力として日本の庶民の暮らしを認識した。ハーンは、急速な近代化で日本の古きよき暮らしの風景が消えていくのを悲しんだといわれる。日本への愛情は終生持ち続けたようである。

故郷を懐かしむ感性とはおそらくほとんど無縁で、ハーンは日本で暮らしていたのである。

6　言葉にならない「ふるさと」

在日中国人を考えてみたとき、「故郷」（中国語も日本語の「故郷」とほぼ同義）を話題にすることが日本人ほど多くはないと思う。私は河北省承徳市で生まれたが、親の仕事の都合で幼少のころ離れて以来一度も訪れていない。生地を「承徳生まれ」と書きつつも、日本人のような帰省本能が働かないのをふしぎに思ったことがない。

中国人が「故郷」という言葉で最初に連想するのはたいてい人々の顔である。そこで息づく親であり、友だちであり、知人たちであり、家の周りに住んでいる人たちである。談笑、語らい、会話、遊びの人の輪のイメージが脳裏に浮かぶ。言わば人間中心の故郷観であろう。親や兄弟姉妹が生存していてこそ故郷である。生地や故郷の風土自体には意味を見出さない、こだわらない感情が、中国人には一般的であるように思われる。福建や浙江、江蘇省の人々は郷土意識が強いとされるが、故郷への回帰心は日本人と違っている。異国で同郷の人々と話を交わすことができれば回帰心を満足させられるところがある。

日本人と中国人が「故郷が懐かしい」と同じことを言っても、恐らく中国人なら家族や親戚、友だちの顔を思い浮かべながら懐かしむ。山や高原の景観を脳裏に描くのは人々を思い出した後であろう。「多くの日本人は生まれ育った土地の景色がはじめに浮かぶらしい」と聞けば、中国人も多くの外国人もなぜ人間を第一にあげないのかと不思議がるであろう。

なぜなのか、日本人が「故郷」と聞いて思い浮かべるイメージとして、山や海、川、森などの景色、風土がふつうらしいことは前述したが、こういう自然に恵まれていない大都会生まれの人は「わたしにはふるさとはありません」という言い方をする。自然の景色に恵まれていなければふるさととしては不完全と考えているわけである。ふるさとはどういうものか、理屈で説明できるわけではない。言葉で伝え合うものではない。個人が心で抱きしめる感性なのである。

ふるさととの岩手県渋民村への望郷のなか、近代化される東京で、「今日もまた胸に痛みあり死ぬならば、ふるさとに行きて死なむと思ふ」と辞世を残したのは、二十七歳で亡くなった石川啄木である。ところが、この啄木は、ふるさとの人間関係が鬱陶しくなって逃れてきた東京でふるさとを詠った。啄木のふるさと志向が、まさしく風土そのものに集約されていると言えるであろう。

日本人の「ふるさと」願望を表した光景を思い出した。渇水が続くと、枯れかかったダム湖がテレビで映し出される。湖底に沈んだかつての村が現れて、土地のお年寄りが道の跡や朽ちた庭木を見て「もう二度と見ることはないと思っていたのに」と懐かしむ言葉が語られる。日本人が過去の景観に浸っているすがたである。もちろん、景観だけではなく、ともに暮らした村人の思い出が頭をよぎるのだけれど景観が最初に浮かんでいるはずである。

7 「ふるさと」に執着しない中国人

中国では、未曽有の災害となった二〇〇八年の四川大地震でほぼ壊滅した村や町の再生対策として、あらたな土地に居住地の建設が進んでいる。被災者の意向より党・政府の決断が優先されるからだが、日本では二〇〇七年の中越地震の被災者たちが新しい土地よりも自分たちの住んでいた土地に戻りたいという希望に沿って行政が対策を進めているのとは大違いの印象を受けざるを得ない。しかし、この違いは風土観、自然観、家族観、人生観ないし文化の違いという面もあることを指摘しないわけにはいかない。

中国人は、土地という「ふるさと」には執着しない。こだわらない。いざというときには離れることができる。山や河、緑の田畑などのイメージで住んでいる土地を愛するより、はるかに愛する人々、かけがえのない人々が住んでいるところという思いでふるさとを見ているからである。一九九三年に着工した長江の三峡ダム事業が完了すれば、高さ（落差）一七五メートル、幅二・三キロメートルの巨大ダムとなり、水位は一九〇メートル近く上昇し上流六三〇キロメートルにわたって水没する。二〇〇九年に完成した。水没対象の立ち退きは一〇〇万人を超えた。反対していた人々も交渉に応じて立ち退いた。「ふるさと」を離れたのである。一〇〇万人という数は一つの大都市が消え去ることに等しい。日本では、ダム建設の企画はその通り進まないと言われる。計画発表から半世紀経っても完成しないダムがいくつもある。「ふるさと」の土地を離れがたい人々が多く、それが当たり前になっている。

8　列島全土が神域の雰囲気

阿倍仲麻呂当時の日本列島は、未開発地の多い緑の大地という印象であろう。都のある大和地方も神々の住む静寂と清浄の地であったに違いない。

奈良県桜井市の大神《おおみわ》神社は三輪山（標高四六七メートル）を崇めてご神体にしている。神門や拝殿があっても、神の鎮座する場所である神殿のない神社として全国に知られる。代わりに山そのものがご神体の三輪山に向かって参拝する。列島における神々信仰の祖形を伝えるという。仲麻呂の時代の日本人は、素直に自然を崇高して神そのものとみなして信仰した。

創建が飛鳥時代（六世紀末―七世紀前半）にさかのぼるといわれる広島県・厳島神社は所在地の宮島そのものをご神体にしている。周囲二八キロのこの小島は日本三景の一つで、緑多い自然と調和して瀬戸内の景勝をなしている。神々の住処として豊かな木々が島の頂から海辺まで山肌を埋める。古来からの信仰をうかがわせる祠が、海べりにいくつも散在しているという。

茨城県の鹿島神宮も三重県の伊勢神宮も境内は杜《もり》である。宮城県の塩竈《しおがま》神社を訪れたときの印象を私は忘れられない。陸奥一の宮という由緒ある神社なので、どの社殿からも深遠な印象を受けた。参拝を終えて山を下り、ふと後ろを振り返ったとき、社殿はまったく見えないことに驚いた。見えたのは山を覆う森だけ。「山を覆うこの森が日本の神社だわ」と思わずにいられなかった。仲麻呂の時代はもっと手つかずの大木の原生林が全国を覆っていただろう。仏教の影響で神社に神殿を建てだしたころといわれ、神殿も拝殿もない自然の森そのものを神域とみなして厳かに扱ったに違いない。いうなれば、ほぼ列島全土が神域の雰囲気だったと思われる。開発され尽くした現在の列島状況からは想像すらできない、自然の恵みを受けた緑の列島であったろう。

中国でこのような癒される森を見つけることは困難である。仲麻呂の渡唐した当時と現在もあまり変わりないだろう。仲麻呂が、緑に満ちた景観をもう一度見たいと願ったとしてもうなづける。若いうちから神々の恵みを受ける日本の風土が恋しくなったと想像できるのである。

天の原ふりさけみれば春日なる三笠の山に出でし月かも

これは情景の描写である。歌の調べに高潮感はとくに感じられず、たんたんと月の出の情景を詠った感がある。「ふるさと」を思い出して、ふるさとと一体となり自分を静かに没入させているようだ。仲麻呂にとってふるさとは、子どものころの記憶でしかない。十代半ばに大和を立ち大唐へ向かった。帰国まで一〇年、二〇年は覚悟したが、まさか倍以上の長きに渡って戻れないとは予想しなかったであろう。よくぞ長生きしたものだとの感慨も湧いたであろう。

戻る機会を得られてから、いっそうふるさとが懐かしくなったはずだ。

ふるさとといえば、三笠の山と月という連想ができあがっていたのかもしれない。三笠の山に出る月は、仲麻呂の「ふるさと」そのものだった。日ごろ繰り返し思い出していた情景が胸にぐんと迫る中、冷静を装いつつ詠ったという理解も成り立つのである。しかし、この歌が記憶の中の一つの情景を詠みこんだといってしまえばそれだけのことで終わる。その通りであるが、もっと余韻を感じ取らなければ仲麻呂の思いが救われないはずだ。まず、森に覆われた当時の三笠山を想像したい。そして神奈備《かむなび》の深山に神々しい月がかかっているという思いを感じ取ってやりたい。ふるさとから連想されたのは人々の談笑や言葉の記憶でなく、自然の情景であるところに、仲麻呂の日本人たる面目が現れたと思っている。

9　郷愁歌

それはどういうことか。日本人のふるさと像の景観志向と関係していると考えられる。日本の歌は情景を歌ったものが多い。唱歌「ふるさと」の歌詞を見てみよう。

一、兎追いし彼の山小鮒釣りし彼の川
　　夢は今も廻りて忘れ難き故郷《ふるさと》

二、いかにいます父母つつが無しや友がき
　　雨に風につけても思いいずる故郷

三、志を果たして何時の日にか帰らん
　　山は青き故郷水は清き故郷

　この歌ほど日本人が「ふるさと志向」を共有している実態を証明するものはない。日本人に共有される「ふるさと」像を描いている。「ふるさと」から連想されてくる自然の情景の原型である。子どものころ、両親、兄弟姉妹と一緒に歩いた思い出も、友と遊んだ思い出もすべて自然情景と重なる。自然情景に包み込まれて懐かしさが胸に迫ってくる。この歌詞を歌ううちに、思い出を超えて「彼の山」「彼の川」に実際に踏み込んでいっているような一体感が躊躇なく生まれることを疑わない。多くの日本人がこの歌を愛唱歌としているのは日本人の心情に合致しているからに違いない。望郷のこころを満足させる基本的な要素があるからであろう。

日本の唱歌では、昔から歌い継がれてきたなつかしい自然や故郷を歌ったものが圧倒的に多い。日本全国どこにもあるような歌集で、たまたま手許にあった埼玉県音楽教育連盟が編纂した『歌集さいたま　さあ歌おう』を見てみると、全歌数一五九のうち、文部省唱歌など風土愛を歌うと思われるものがほとんどである。特に、ストレートに国を愛するような内容の歌詞のものはほとんどなくて、「早春賦」「茶つみ」「里の秋」「たきび」「お正月」のような季節の歌、「静かな湖畔」「四季の歌」「遠くへ行きたい」など自然の歌、「通りゃんせ」「ずいずいずっころばし」「あんたがたどこさ」などのわらべ歌、「ほたるの光」「今日の日はさようなら」などの行事の歌ばかりである。まさに、風土や故郷に集約された「愛郷歌」といえよう。

10　「ふるさと志向」の強い猫

俗諺に「犬は人になつき、猫は家に馴染む」とある。故郷を思い出すとき、人々を懐かしむか、野山の風景を懐かしむか、おおざっぱに二つに分かれることを述べてきたが、人になつくのが中国人や西洋人であり、風景になつくのが日本人になるのではないか。なつく方向の違いで犬派と猫派の違いになる。このたとえは俗っぽくなりすぎたきらいがあるが、言わんとするところは分かっていただけるだろう。猫好きのひとは、ひそかに日本人的な「ふるさと」意識が濃いのではないか、と思っている。

「ふるさと」という言葉からは自然・風土の情景が浮かぶ響きがあるという。「ふるさと志向」を動機とした日本人の史実は阿倍仲麻呂だけではない。このことを再認識してほしくて、これまでと違った視点も交えつつ書き進めよう。

江戸後期、伊勢国白子村（現在の三重県鈴鹿市）の船頭大黒屋光太夫（幸太夫とも、一七五一―一八二八）は一七八二（天明二）年、水夫一六人とともに米や木綿などを積んで江戸へ出航した。船は駿河沖で暴風雨に見舞われ遭難、八カ月漂流後にロシア領であったアリューシャン列島アムチトカ島に流れ着いた。ロシアは東西に長い大陸の国である。望郷の念を捨てきれず、反対側の都ペテルブルクに住む時のエカテリナ女帝に許可を得るためソリと徒歩で踏破した。地球一周の三分の一の距離にもなる。九一年に会見したあと、またオホーツクに戻ってロシア滞留九年後の九二年十月、帰国したという。日本へは女帝の勅許をもったラクスマンに護送される条件で、光太夫のほかに帰り着いた仲間は若い磯吉と初老の小市だけだった。小市は根室の土を踏んで間もなく病死した。やっと帰国した光太夫らを、幕府は鎖国政策に反して帰国したため罪人扱いとし江戸で軟禁処分に付した。ふるさとには帰ることを一度も許されず、軟禁のまま江戸で七十八歳で生涯を閉じた。なんのために帰国したのか、わからない。帰国してからもふるさとを夢見続けた後半生であったと思わずにはいられない。

11 故郷を離れては生きにくい体質

日本人は、故郷に戻りたいのにできない状況に置かれたときほど悲痛な感情がほとばしるようである。歴史上のキリスト教禁教令による国外追放は、過酷な仕打ちであったと思われる。この例には、豊臣秀吉による摂津高槻城主高山右近（一五五二―一六一五）のマニラ追放がある。江戸幕府はさらにキリシタン弾圧を徹底した。

日欧交渉史を追った泉秀樹氏の『風と海の回廊』（廣済堂出版、一九九四）によると、日本史ではよく知られる十三、十四歳の天正少年遣欧使節団（一五八二―一五九〇）四人のうち、原マルチノは一六二九（寛永六）年にマカオに追放されて病没した。中浦ジュリアンは一六三三（寛永十）年に拷問にあって殉教した。同書は、迫害を覚悟して鎖国化の日本に戻った信仰者も紹介している。単身でローマに行き、神学校「コレジオ・ロマーノ」で教義を学んだペドロ岐部（日本名不明）は、一六三〇（寛永七）年に拷問と刑死が待ち受ける日本に戻ったという。キリスト教禁教下では非業の死が待ちうけているにもかかわらず、海外にいた多くの無名の信仰者が日本の風土が恋しいあまり危険を冒して帰国したと想像されるのである。それは原則と正義のためではなく、故郷の風土に対する恋しい気持ちに沿う正直な選択であると思われる。日本人に特有の強烈なふるさと志向をここにも見ることができるであろう。大黒屋光太夫も高山右近も遠く異国の地でふるさと志向を募らせたとき、もう二度とふるさとの景色を拝めないと思い、夢に見ながら悲嘆にくれたことが想像できる。

日本人は、自然の情景を思い出の重要な要素にしている。ふるさとに実際立たなければ帰郷を果たした気にならないらしい。日本人はふるさとを捨てることが難しい文化を培っていると思われる。極論すれば、日本人は育った国土を離れては生きにくい体質的な文化を持っているのかもしれない。感性を基本にしている風土への思いを人生観と重ね、運命共同体という一身一体の文化を特質としているために、愛国心をことさら強調する必要がない。むずかしい理屈はいらないはずである。ふるさとと密着したふるさと志向が愛国心の基になった文化と思われるからである。ふるさと志向を共有して集団化しているのが日本人かもしれない。

それに比べて、西洋人も中国人も韓国人も、愛国心が教育内容に組まれている理由が見えてくる。愛国心の中味は、共感によって感じあうものではない。目に見える、体で触れられる風土に体現されているものでもない。愛国心とは、論理化され、体系化されている理念であり、原理原則である。言葉を媒介して表現されるものであり、理論や概念だと理解されているのである。したがって、外国人からは、日本人における愛国心はイメージと情緒にしか見えない。一定の理論体系の産物に映らない。論理的な言葉に整理されていないと思われている。

日本人は愛国心の説明に戸惑う。これこそ理念でない証しと思われる。日本人は、愛国心を言葉で説明できないとき、愛国心が薄いと非難をぶつける。不幸なことである。

12　亡命しない日本人

愛国心に関連した「亡命」について考えてみたい。統治者の暴政に対して自分の命を守る亡命は、他国の歴史ではふつうといっていい。ところが、日本は亡命者を出すことがきわめて少ない珍しい国とされる。この点については、ドイツのハイデルベルク大学・東アジア研究センターのヴォルフガング・ザイフェルト教授（日本学）も指摘した。二〇〇六年九月、法政大学主催のシンポジウムで、日本の政治思想を研究する上で留意すべき要件とした（「ドイツの研究者から見た丸山真男の政治思想」で講演）。

日本人が歴史に残した亡命は少ない。戦前では治安維持法のもとで共産党に関係したか、関係しているか、そういう人々を中心にわずかにあるぐらいという。多くの共産党関係者も海外に逃げ出さず地下に潜って活動を続け、悲惨な末路をたどった。この中では、戦前の昭和十三（一九三八）年、日本とソ連の陸の国境線があった樺太（現サハリン）で、女優の岡田嘉子と劇団演出家の杉本良吉が愛の決死行を実行して国民的話題になったのは数少ない亡命の例である。幕末、長州・薩摩を中心とした官軍の江戸総攻撃に備えて、江戸防衛を任された勝海舟が徳川慶喜将軍のイギリス亡命を画策した事実があったという。江戸城無血開城の合意によって亡命の実現をみなかった。太平洋戦争が終わったとき、軍国主義の指導者の誰一人として海外逃亡や亡命した話を聞かないのは驚きである。

西洋史でも中国史でも亡命は繰り返されている。亡命者にとっては、亡命も愛国心を動機にした選択と自認している。ソ連成立当初、共産党幹部のトロツキーの世界革命論と一国社会主義のスターリンの権力闘争はよく知られている。一九二七年、理論派のトロツキーが敗れ、党より除名、国外追放された後、メキシコで暗殺された。国外追放は亡命と裏表の関係である。ナチスドイツではユダヤ人への迫害が厳しくなると、アメリカなどへ亡命が相次いだ。相対性理論を唱えたアルバート・アインシュタイン（一八七九―一九五五）もその一人であった。敗戦とともにナチ党幹部たちは身を隠し、国外に逃亡した者も多い。ナチス親衛隊中佐だったカール・アドルフ・アイヒマン（一九〇六―一九六二）は逃亡先のアルゼンチンで見つかり、ユダヤ人ホロコーストの罪で裁判の後、処刑されている。

中国史で亡命に関係した人物を真っ先に挙げるとすれば、中国革命の指導者・孫文（一八六六―一九二五）だろう。中国では号による孫逸仙、孫中山と呼ぶのがふつうだ。清朝末期の一八九四年十月、広州の武装蜂起に失敗して日本に亡命をして以来、亡くなるまでの三〇年間のうち日本滞在が約十年、亡命が主な理由である。最初の亡命で満族への服従のシンボルともいうべき弁髪を切った。一九〇五年には東京で、中国国内の革命諸派をまとめて中国同盟会の結成に成功した。一九一一年の辛亥革命による清朝崩壊後の政争中も亡命先として日本を選び、多くの支援者と交遊している。

ロシア革命の指導者レーニン（一八七〇—一九二四）は、ヨーロッパを転々と亡命しながらツアー体制打倒を指揮したとされ、革命勃発を聞くや祖国に飛んで帰ったという。亡命は民衆にアピールし、革命家の勲章といえるかもしれない。

13　天下のために望郷を耐える

孫文は、革命家にふさわしいスタンスとして「天下為公」という言葉をよく揮毫した。平易にいえば「この世界が人々のためになるように」という意味になる。孫文は責任を果せる市民が主人公となる社会を理想としていた。亡くなる前に立ち寄った神戸で、有名な「大アジア主

孫文

義」の講演をしている。会場の兵庫県立神戸第一高女（現在は神戸高校）に謝意を込め贈った言葉でもあったと伝わる。孫文を師とした蔣介石は、この言葉を額に入れて執務室に掲示していたという。現在、台湾にある故宮博物館の正門に掲げてある横額にも「天下為公」が輝いている。

「天下」という言葉について、広辞苑はふつう「一国全体」や「全国」などいくつかの領域概念で説明している。その通りで、日本では、織田信長の「天下布武」のように全国統一をめざす権力欲と関係する泥臭い言葉とみられる。ところが、中国語では儒教の「修身斉家治国平天下」に通じて、きわめて「公」の概念を含んだ漢字である。「志在天下」や「四海兄弟」は人類や世界が伝わってくる使い方になっている。毛沢東の主導した社会主義革命も「天下為公」の精神による成果と考えるのがふつうである。また、世界に生きている華僑はまさしく「天下為公」を普遍的な人生価値として受けとめ、行動に体現させているとされている。どんな世界にも根強く生き続けて行けるのである。

鑑真や朱舜水の生き方についても「天下為公」の古代版であり、中国人には鑑真が建てた唐招提寺の名称がまさに「天下為公」の理念を体現したものと考えている。サンスクリットでは、招提は四方の意味であり、唐は国際人という現代語にあたっている。人類普遍の価値を広める偉人・聖賢の殿堂の意味がこめられている。

中国の教科書・高校一年・国語・その一（全国中小学教材審定委員会二〇〇一年初審通過）に辺縁の異民族のもとへ嫁入りしていく女性の物語を載せている。女性は「天下為公」の体現者としても理解されている。唐第二代皇帝の太宗は六四一年、皇女・文成公主（六二五頃―六八〇）をチベットの吐蕃王ソンツェンガンポへ嫁がせた。また、歴史上では前漢元帝の紀元前三十三年、宮女の王昭君が北方の匈奴の王・呼韓邪単于《こかんやぜんう》のもとへ送られた事実も存在する。日本では、匈奴やチベット族の侵略から漢族を守る政略結婚とされ、悲劇の女性たちと受け取られる。華やかな唐朝廷の暮らしから引き離されて、考え方の違う異民族の文化の中に置かれて、悲嘆にくれたであろう。しかし、悲劇に耐えて、漢族と匈奴、漢族とチベット族の友好関

文成公主
出典：義務教育課程教科書「ZHONGGUOLISHI」7 年級下册

係の促進に尽くした功績を評価するのが教科書のねらいである。天下のためには望郷を耐える姿が理想とされる。大きな目標の前ではふるさと志向は小さなテーマにしかすぎず、遠大な理想への追求こそ人生の目標にすべきだと教えるのである。

もし、中国知識人の人生観が古来、「修身斉家治国平天下」に収斂されていると言えるなら、「天下為公」がその略語とも理解できる。時代の変化に合わせて言い回しが変わっていても、「天下為公」の表現は中国人好みである。国家建設のスローガンもその内容を反映させているものが多い。五十年代の「保家為国」、六十年代の「勤倹建国」、七十年代の「自力更生発奮図強」、八十年代の「振興中華」、九十年代の「小康社会」、二〇〇〇年に入ってからの「世界の軌道に繋ごう」、ここ数年の「和偕社会」「和偕世界」など、いずれも天下為公をバックにした熟語であったり内容であったりしている。

14　国土から吸い取って本性化した「ふるさと」

日本で生活していれば、災害も多いが、自然の恵みも多いことを実感する。草花に水まきせずとも適当に雨が降り、美しく咲かせる豊穣の大地だ。中国北部で生まれ育った私には、四季を演出する日本の自然は最高のコンダクターに映る。多くの外国人が日本の魅力に自然をあげる。都心に暮らしても街路樹の青々とした繁茂や路傍の草花に季節を教えられる。少し郊外に足を伸ばせば緑の息吹を胸いっぱい吸うことができる。東京にいくつもある日本庭園は四季を通して緑が途切れない。緑を抜きに考えられないのが日本の景観である。

日本人にとって、ふるさとというのは自然の景観と一体ではなかろうか。里山が失われてゆくとの嘆きが聞かれるが、里山的風景をどこかに郷愁として抱きしめる感慨が日本人の心の中にある。二〇〇五年、阿倍仲麻呂と同期の留学生とされる井真成《せいしんせい》の墓誌が西安近郊で発見され

井真成の墓誌

て話題になった。遠く異国の地で亡くなったこの留学生の霊は日本に帰っているだろうと慰める言葉が刻まれていた。仲麻呂も真成も中国の大地を見飽きて、ふるさとの風景を懐かしみながら語り合っていたと想像したい。緑豊かな日本の地をもう一度自分の足で踏みたかったに違いない。ふるさとの原風景に抱かれる肉親との再会を願いつつ異郷で死んでいった無念を考えるといたたまれなくなる。

日本人のふるさと志向は教えられて形成されるものではない。日本の風土と一体になる暮らしの中の感性の発露である。感性的文化である日本文化の産物と思われる。

15　愛国心は理屈ではなく自然体

日本では愛国心の話題がとかく争点になる。

二〇〇六年四月十四日の朝日新聞社説が教育基本法の改正問題を取り上げ、「愛国」を教える難しさを解説している。その大意は次のようなものであった。

教育基本法の改正をめぐって焦点となっていた「愛国心」の表現について与党の自民・公明両党が合意した文言は「伝統と文化を尊重し、それらをはぐくんできたわが国と郷土を愛する」。これに続けて「他国を尊重し、国際社会の平和と発展に寄与する態度を養う」となって、戦前のゆがんだ愛国心への反省も踏まえた合意となった。

国会で衆議院だけでなく参議院でも多数を占めていた当時の与党にとっても「愛国心」問題は慎重に扱っていることが分かる。日本で「愛国教育」が難しいのはなぜか。先の社説に続いて同紙に掲載された「私と愛国」で紹介された著名人四人の意見をみてみよう。

――漫才コンビ「爆笑問題」の太田光さん

「愛国心を考えようという動きが出てきたことはいいこと。法にどんな言葉を載せるにしても、表現しきれない思いを感じることが大事だと思う。自分の国に対する気持ちも愛国心という言葉に収まらない。誇りに思うのもあるけど、嫌だなっていう思いもある。いろんな愛国心が日本の中で共存していていい。法で愛国心と書かれても、学校で教えても、その通り育つかといえば、そうはいかない。人間の心の強さを自分は信じたい」（二〇〇六・五・二四）

――劇作家・演出家の永井愛さん

「卒業式や入学式で起立しなかったり、歌わなかったりして、校長や教頭が大騒ぎするいま学校の現場で強制することはばかばかしすぎる。地球温暖化や核兵器で人類の存続が危ぶまれている今、「愛国心」で一国への帰属意識を高めている場合ではない。地球市民として、他の国の人々と対話して問題解決を図るほうが急務だ」（二〇〇六・五・二六）

――慶大教授・元宮城県知事の浅野史郎さん

「国の教育基本法という形で、一斉一律に愛国心を教えると決めるのは稚拙だ。今の子供はすぐキレる、権利ばかりを主張する、それは育ち方や教育の問題、だから教育をしっかりすれば矯正されるというが、ほんとうにそうだろうか。その検証もなく一斉にやろうとする文部科学行政のあり方には賛同できない。「親を敬う」「友だちに親切に」と同じように大切なことの中から愛国心だけ選んで「これがないのはおかしい」という言い方をされるのは変だ」（二〇〇六・五・二七）

――作家の林真理子さん

「卒業式や入学式で起立しない、君が代を歌わない姿を見ると、マナー知らずだと不愉快に感じるけど、露骨に愛国心を持ち出されるのも嫌だという矛盾した気持ちがある。「愛国心」という言葉が若い世代に広がる右翼的な動きを助長しないか、教育委員会の人々を勢いづけたりしないか心配。スポーツ選手の活躍を見ながらでもいい、自然に国を愛する気持ちが育てばいいと思う」（二〇〇六・五・二九）

以上の四人の意見をまとめてみると、一つの共通項が浮かんでくる。愛国心は理屈で身につくものではないということである。自然体で育まれるものであり、人工的に注入されたりするものではないという。この前提にあるのは、子どもたちにはもっと大事なものが教えられるべきではないかという考えがあるようだ。

16　他動詞の愛国と自動詞の愛国

これまで「ふるさと志向」について詳細に述べてきた。日本人は、懐かしい自然情景を描く中から郷里の人々を思い出すという習性が大変強いことを理解してもらったと思う。阿倍仲麻呂のふるさと志向が、歴史の一つの逸話というばかりでなく、現在の日本人に結びつくものでもあるということを理解していただけたはずである。ここで、「愛国心」問題と結びつければ、仲麻呂に見られるように、日本人にはふるさと回帰がきわめて強い感性が備わり、この強烈な郷土愛は強制力がなくともわりあい簡単に愛国心に昇華していくと考えられる。

日本人の郷土愛の発露は、外国人からみれば、とても健全に映っている。夏の高校野球選手権大会では、四七の都道府県代表が優勝を目指して炎天下に汗を流す。ふだん野球に関心のない女性たちも自分の郷土代表を応援している。ＮＨＫの人気番組「のど自慢」は毎年春、締めくくりのチャンピオン大会が開かれる。全国各地域代表がのどを競うルールが一定している。そのほか、さまざまなケースで地域の均等配分を考慮した選考が日本では徹底している。郷土意識を前提にしたシステムが慣習化していると思われるのだ。この意味では、教育するまでもなく日本文化の中に既成の体系として郷土愛はつねに養成されているのではないか。

教育基本法改正について審議入りしてから、小泉首相が発言した「自分が生まれ育ったところに対しては誰しも愛着を持っている」という認識は的を射たものと思った。五月二十四日、「愛国心」をランク付けする通知票問題に関連した答弁だったが、「教育は強制的に一つの考えを押し付けるものではない」と述べたのは野党にも受けたらしい（朝日新聞、二〇〇六・五・二五）。

日本の愛国心のもとは郷土愛であり、郷土愛が膨らんで愛国心になると思えてならない。郷土愛は自然に湧いてくる。教育など強制力が、郷土愛を変形させているのではないか。自然な仲間意識と人工的な集団意識との関係と似ている。日本人の自然な郷土愛の成長に触れると、すがすがしくなる。

「愛国」という他動詞的な言い方がしっくりしないという人がいる。日本人の若い人たちに「愛国心はありますか?」と聞くより、「日本が好きですか?」と聞くほうが明確な答えが返ってくる経験を何度もしている。日本人は第二次世界大戦後、価値観を一変させて、「愛国心」を全否定してきた。愛国心というと、日本人は、戦前の軍国主義を連想してきたのである。「ふるさと志向」が、日本文化との関連で議論されるべきだと思う。

17 魯迅の「幻灯事件」

愛国心はある特定の歴史段階と特定の指導者によっては限定できないし、決められるものではない。アメリカ人も中国人もたとえ現状に不満であっても、けっして自国の文化と歴史を否定はしない。祖国に対して反対運動を繰り返していても、反逆者も亡命者も祖国を思い、愛することができる。それは広義の愛であり、狭義の愛ではないからである。

愛国心はその原点において日中に違いがある。日本人の景観に託した望郷の念の表現が、中国人の場合には長い歴史に蓄積されてきた文化と現実的な人間をめぐる関係に替わる。江戸時代初め、亡命した明の儒学者朱舜水は帰国願望が強かったと言われるが、日本的な望郷からではない。それは異民族清王朝に滅ぼされた明王朝の再興を期す強い願いからであったのはいうまでもない。

中国は古来、興亡を繰り返してきた。搾取から逃げる歴史に苦しめられてきた。日本人に比べて出生地にこだわる習慣の中国人は少ないと言っていい。伝統文化を大切に伝承して行くなら、彼の地で立身出世を達成して人生を全うするのも愛国心の展開とされている。華僑が全世界に生きていくのもこの論理に支えられているからである。したがって、伝統文化を拠り所に文化を愛する概念は古来、伝統的教育の重要なテーマになっている。

中国近代文学の父・魯迅（一八八一―一九三九）の「幻灯事件」は、中国人の愛国心を考えさせる。それは医師を志していた魯迅が一人ひとりの治療よりも、もっと大事な治療をすべき患者は中国社会であり中国人全体であると気付くきっかけになった。短編「藤野先生」に書いている。仙台医学専門学校（現・東北大学医学部）の恩師への感謝がその内容である。

恩師の授業ではなかったが、余った時間にニュースのスライドがよく上映された。日露戦

別れを惜しんだ藤野先生の写真を魯迅（本名＝周樹人）は終生大事にした

「藤野先生」が収録された中国国語教科書

魯迅（後列左）1906 年 3 月

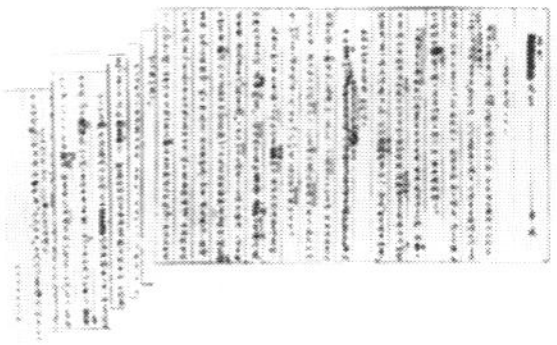

「藤野先生」原稿

争のシーンで、ロシア軍スパイとして中国人が日本軍に捕まり銃殺された。見物している群衆も中国人だった。魯迅は衝撃を受けた。自分と無関係のように見物し、屈辱と感じない民族の姿に対してである。中国人と中国社会の改革の必要を知ったのである。

愛国者魯迅の文学への転換のきっかけが、この幻灯事件とされ、中国では教科書に掲載され広く知られる逸話だ。

18　文化に愛着、能動的な愛国心

中国人にとっては、愛国心とは能動的な性格のものという認識が最初からついて回っている。「愛国心とは何か」ということをずっと模索してきている。そもそも「国」とは文化を守る城であり、文化人は伝統文化の伝人とされている。文化が中核であれば、国家はそれを運営する事務局と言えよう。

中国人はなによりも文化に求心力を感じ、全身全霊を捧げられるものとしている。国家も文化ありきの存続とされるほどである。その文化は一時的なものではなく、個別の統治者によるものでもない。中国歴史の全流程を指している。だから、日本のように侵略戦争の反動として文化全体の否定があれば、そのあとに必ず反省がある。文化破壊のあとの復興は文化大革命とその後の経過が説明している。文化への愛着が愛国心に徹底している。

19　国際主義との調和

中国では、偏狭な愛国心と友好的な愛国心があると教えられる。一国だけを愛するなら他国との友好はない。国際主義の中で愛国心を考えよう、としていると強調したい。

その例が中学校と高校の国語教科書に載る「記念白求恩＝ベチューンを記念する」である。カナダ人医師ノーマン・ベチューン（一八九〇―一九三九）が共産党本拠地の延安で医療活

教科書のベチューンの写真
出典：九年義務教育三年制初級中学教科書「YUWEN」

動中に死亡したとき毛沢東が弔辞を読んだ。トロント大学を卒業して医師になり、貧困層の医療を通じて社会変革の必要を考え始めて中国に渡ったという。国際主義の精神を発揮して多くの中国人を救ったため、中国では銅像を立てるなどその功績を高く評価しつづけている。私も教科書で習って、中国を支援し中国人とともに活躍している外国人への感謝と尊敬を学んだ。愛国心は国際主義と矛盾しないと知るのである。戦後、多くの中国人があらゆる怨念を超えて日本の残留孤児を育て、奇跡の復興を遂げた日本に学んできたのも国際主義の考えからであろう。日中友好の堅持もそうである。中国的愛国心が偏狭に陥るならベチューンを記念したことにならないと思う。

若い世代も、外国文化を受け入れなければならない中で、何が愛国かを考え続けている。ただし、時と場合によって愛国心は矮小化され、過激な反米、反日運動の動機に容易に転化しうる性質のものでもある。

愛国心を育む土壌として文化の違いを無視できない。愛国心にも異文化と結びつけて見つめることが大切であろう。愛国心の形成にそれぞれの国の文化の違いや発展段階の違いが反映していると考えるなら、それぞれ、愛国心を相対化できる。愛国心を国益を競う方向に膨らませたくない。危険である。グローバル化の現在、他国との共生をはかる愛国心のあり方が、日中ともに緊急の課題として問われている。

スコット（英）の言葉を引用したい。愛国心とは「それは最も美しきものであると同時に、しばしば最も疑わしきものであって、他の感情の仮面である」という。愛国心の二重性を見抜いている。

20　愛国歌

〝愛国心を高揚させる歌〟としての愛国歌が、世界には溢れている。国威発揚を期したい政治権力者ほど愛国歌がお好きだ。日本も先の大戦までは軍歌が愛国歌の主流として愛唱されたと聞いている。しかし、戦後の民主化によって、ほとんどの愛国歌が公式の席から一掃された。かわりに、国土を愛する歌が主流になった。風土や習慣・伝統の日本人のアイデンティティーにかかわる歌といいかえてもかまわない。

日本の小学校学習指導要領で旧「文部省唱歌」を含め小学校では二四曲推薦されている。ストレートに「愛国」を教示するものが見当たらないのはいうまでもない。国歌の「君が代」を除けば、愛国に直結するのはせいぜい「ひのまる」ぐらいなもの。もうひとつ「さくらさくら」を挙げることができる程度だ。

小学校の教科書『小学校の音楽』（教育芸術社）は、収録している全歌数一三九曲のうち、愛国歌としては「富士山」を指摘することができるだけだ。愛国を正面から扱った詞の歌がきわめて少ないのは間違いない。

「さくらさくら」や「富士山」が日本人にとって愛国歌になるのはどうしてか。自然情景を詠んだご存知の歌詞をみれば理由を汲んでいただけよう。「さくら」という日本の国花、あるいは「日本一の山」を取り上げたから愛国歌と規定するつもりはない。いずれも美しい情景を詠っているというのが一番の理由だ。ふるさとの景観を描いた歌である。これと、阿倍仲麻呂の歌「天の原ふりさけみれば春日なる三笠の山に出でし月かも」は同類系とみなしてもおかしくないであろう。日本人にとっては、むしろ情景を詠った歌のほうが自然な形の愛国歌になっている。

「富士山」
あたまを雲の上に出し
四方の山を見おろして
かみなりさまを下に聞く
富士は日本一の山

「さくらさくら」
さくらさくら
野やまも里も見わたすかぎり

かすみか雲か朝日ににおう
さくらさくら花ざかり

中国はどうか。理念として、国や故郷を愛する気持ちを直截に前面に押し出した詞やスローガンが愛国歌である。小学校課程で必須の全五九曲のうち、愛国歌とみなせるのは「祖国、祖国、愛します」「私たちの美しい祖国」など一〇曲もあった。中学校でも全六五曲のうち「中華人民共和国国家」「国旗頌」など一一曲を占めた。この割りあいの比較から、直截表現の愛国歌が主流であることが十分に察していただけるだろう。参考までに、台湾でも中国とほぼ同様の傾向で、タイトルをあげれば、小学校では「私は故郷を愛している」や「将軍令」、中学校では「長江の水」や「国父孫文様の歌」が歌われている。

アジアの国歌をみると、その直截表現がもっと徹底している。列挙してみよう。

《インド国歌「インドの朝」》インドの偉大な詩人タゴールが一九一二年に作詞・作曲したもの。インドは一九四七年に独立を達成、一九五〇年に国歌として採択された。

神よあなたは凡ての国民の心の支配者
インドの運命を決める力
あなたの国はパンジャブシンドグジャラトマラタヤドラヴィダオリッサ
ベンガル人の心を高め
ヴィンディヤやヒマラヤの山々にこだまし
ジャムナやガンジスの流れの調べと一つとなり
インド洋の波涛の唄ともなる
人々はあなたの祝福を求めて祈り
あなたの名を讃える
インドの運命の支配者たる神よ
勝利勝利勝利よ神にあれ

《中国国歌「義勇軍行進曲」》一九三五年、映画「風雲児女」の主題歌。抗日歌として広まる。
一九七八年に正式に国歌となった。
起て！　奴隷となることを望まぬ人びとよ！

我らが血肉で築こう新たな長城を!
中華民族に最大の危機せまる
一人ひとりが最後の雄叫びをあげる時だ
起て! 起て! 起て!
もろびと心を一つに、
敵の砲火をついて進め!
敵の砲火をついて進め!
進め! 進め! 進め!

《韓国・愛国歌》正式には国歌を制定せず、暫定的に愛国歌を国歌としている。作詞者不明、作曲は安益泰、一九三九年、中国・重慶に置かれた大韓民国臨時政府が愛国歌に指定した。

東海の水白頭山乾き尽くるまで
神守りたまいてわが国万歳
むくげ三千里華麗江山
大韓人の大韓永遠に安かれ

《北朝鮮国歌》Pak Se-Yong 作詞、Kim Won-Gium 作曲、一九四七年に制定。北朝鮮は一九四八年九月、建国宣言した。

朝は、輝け
野山、黄金は満ち溢れ
美しき我が祖国
長きその歴史
輝く我が文化、栄ゆる国
民よ、国のために尽くさん、心合わせ

《ベトナム国歌「進軍歌」》一九四五年、革命気運の高揚の中で生まれたもので、ヴァン・カオの作詞・作曲。一九七六年、歌詞に多少の修正を加えて、引き続き国歌として公認された。

ベトナム軍団は一途に国を救いに行く
はるかな荒れ果てた道に足音が響く
戦勝の血を染めた国旗がなびく
遠地から響いてくる銃声が進軍曲と混ざる

栄光の道が敵の死骸で埋められ
苦戦の末、勝ち、一緒に交戦地帯を立てた
人民のためとどまらずに戦う
直ちに戦場に向かい
進め共に進もう
我がベトナム国土は永続する

《フィリピン国歌「太陽の国」》一八九八年六月十二日、独立宣言がなされた。フィリピンの国歌はスペインからの独立運動の時期からの愛唱歌だったといわれる。

太陽の国
炎のように燃える太陽の子
我々の魂よ気高く神聖な国
誉れ高い英雄たちの生まれた国を崇めよ
この神聖な国の浜辺を侵入者どもが
踏みにじることはできない

空の中に雲を通して
丘や海の向こうに栄光のある自由の
燦然とした輝きを見て胸の鼓動を感じる
我々のすべての心を打つその旗印に
太陽は輝き星はまたたく
おおその輝かしい国土は
暴君によって曇らせてはならない
美しい愛の国土おお光の国土よ
それに抱かれるときの喜びがある
しかし国土が侵されるなら
我々は死守することを栄誉とする

《シンガポール国歌「シンガポールが進歩せんことを」》十九世紀にイギリス植民地となり、
第二次大戦で日本による占領を経て一九五九年に独立。
シンガポールの人々よ

幸せに向かって前へ一緒に行進しよう
私たちの高貴な抱負は
シンガポールが成功を成し遂げるのを見ることだ
新しい精神で団結しよう
私たちは皆祈る
シンガポールが進歩せんことを
シンガポールが進歩せんことを

《インドネシア国歌「偉大なインドネシア」》もともとはオランダ領東インドだった一九二八年に、スプラットマンが作った。以後は民族独立運動を鼓舞する歌として愛唱され、一九四五年独立後に正式な国歌となった。

インドネシア、私たちの故郷の国
私たちの出生地
そこで私たち皆はこの私たちの母国の
護衛をするために立ち上がる

インドネシア、私たちの国籍
私たちの人々と私たちの国
そして来い、皆叫ぼう
統合されたインドネシアを
私たちの土地が長く生きんことを
私たちの国土、私たちの国家
私たちの人々、そしてすべてが長く生きんことを
そして立ち上がれ、その精神よ
立ち上がれ、その体よ
偉大なインドネシアのために

日本国歌「君が代」は古代の和歌に由来する歌詞である。作詞者不明、『古今和歌集』巻第七、賀歌の冒頭、よみ人しらずの「わが君は千代に八千代にさざれ石の巌となりて苔のむすまで」が載っている。また、薩摩琵琶歌「蓬莱山」のなかには「君が代は千代に八千代にさざれ石の巌となりて苔のむすまで」の一節が引用されていて、明治の初め、まだ日本には国歌がな

かったことから、陸海軍主導でこの歌詞に曲がつけられ、一八八〇（明治十三）年に現在の「君が代」が生れた（『日の丸・君が代の成り立ち』暉峻康隆、岩波書店、一九九九）。

この「君が代」は国歌に位置づけられたが、戦前、法的には規定されないままだった。戦後も慣行として国歌扱いが継続し、法制化（国旗及び国歌に関する法律）はようやく一九九九年のことである。

アジアの国歌を並べてみると、独立歌、革命歌、進軍歌など、愛国調が並ぶ中で、日本の国歌だけが異色である。韓国や北朝鮮の国歌にも自然を賛美する部分はあるが、日本の歌詞のような自然描写形態と思われる詞の国歌は珍しい。

戦争に利用されたことは否定できないが、自然描写そのままの国歌は日本文化を象徴し、日本文化を表象する面目躍如であろう。

※第5章は、学芸総合誌『環』（藤原書店、二〇〇九 夏号）に寄稿の「望郷・ふるさと志向・愛国心」をベースに大幅に修正した。

第6章　地域性を認識するために

１　中国で進む日本学研究

日本の比較文化研究は、近代の西洋との遭遇からまもなく十九世紀末に始まるようだ。フランス文学における比較法が最初と見られる。比較研究を進めるには、フレキシブルに新しい学術思想に対応し、相対化する視座の共有が不可欠である。一つの思想・価値観を絶対化したり、外来文化を排斥したりするイデオロギー体質は比較研究を生まない。

中国では一九四九年の建国以来、社会主義的価値があらゆる分野における基準とされてきた。相対論の考えがはじめて中国で許容されたのが一九八〇年代のことで、多元的価値観や理論の発表が可能になった。比較研究も始まり、今は、比較教育学、比較言語学、比較宗教学、比較心理学、比較神話学、比較文法、比較文化など領域を拡大している。特に中国では、日本に関する諸研究がここ三十数年盛んである。各国の日本学研究のなかでも軽視できない成果をあげつつあると思われる。

「国際日本学研究」の確立には、中国における研究にも関心をもつことが求められている。

もちろん中国の日本研究はまだ模索段階にあることは否めないが、研究の幅を広げ、優れた研究成果も散見される。日中両国におけるこれまでの自画像と他者像を変える研究もあるように思われる。改革開放が進んで、ネーションという枠から抜け出した研究も見られ始めた。この新しいうねりがやがて日本研究の新世紀を構築していく強い力になると思われる。成熟に向かう過程においては、これからもさまざまな摩擦や障害が避けられないが、中国の日本研究者たちの努力によって世界に誇れる文化研究の模範を示していくものと期待している。

2　相違を意識しない中国と日本

日中間の研究を一層深めていく必要がある。それには比較文化の応用による研究が双方で進むことが望ましいと考えられる。

相互認識の角度から見つめていくと、日本人も中国人も異文化といえば一般的に西洋文化を思い浮かべる。西洋文化に出会ったときから、その文化を異文化とみることを共通して当然視してきた。日中両国とも異文化研究といえば西洋諸国の文化を焦点にしがちである。日本と中国の間では、相違を意識するより共通性の認識が一般的だからである。「同文同種」の思いこみが障害になっている。

ところが、西洋によるアジアへの攻勢に対し、日中は対処が違った。日本は西洋化を受け入れ脱亜入欧を唱えて近代化に走った。中国は、固有秩序の文化圏を堅持しようとした。しかし、日清戦争で日本に敗北して、西洋主導の近代化の必要性に目覚めた。以後、だいたい日中戦争直前までは日本を近代化のモデルとした。

戦後、日中は東西冷戦に巻き込まれる年月が長く続いた。一九七二年に国交正常化したとき、日本は敗戦の荒廃から目覚しい復興を遂げて、すでに先進国入り。一方、中国は文化大革命の混乱期にあり、生産性の低い農業国から脱却できないでいた。属する体制の違いと、経済発展期の日本と発展途上の中国の差がだれの目にも明らかだったのは言うまでもない。

しかし、日中とも人々の間で同文同種の思いこみは依然として健在だった。日本人は歴史的に中国から受け入れた漢字や儒教の教養から中国と中国人をよく分かっていると思い込み、中国人は発信した中国文明の影響下にある国とみて、日本と日本文化を中国文化の亜流とみなした。文化の相違に関するこの鈍感は、不幸な半世紀の断絶をはさんでも変わらなかったのである。日中双方の「宿弊」である。従来の中国観、日本観に新たな中国観、日本観が加わった。それが、教条的な共産主義国家とみる中国観であり、侵略されて悲惨な記憶を重ねる帝国主義国家中心の日本観である。複雑な中国観、日本観の様相を呈している。

3　比較文化という手法

相互認識の「ずれ」は大きい。現代の日本人は、儒教が基軸の中国文化と中国人の思想を理解できないでいる。現代中国人は、西洋の教養体系を取り込みながら侘び寂びと共存させているる日本文化の独自性に気付いていない。互いに異文化として認め合う基本が欠落している。

相互認識の「ずれ」は、社会構造、文化基層、風俗習慣、思考回路、価値基準、行動様式などあらゆる分野でみられる。ずれからねじれが生じると、たちが悪い。相互不信の拡大増殖が心配である。この打開のためにも、比較文化という手法がもっと活用されるべきであろう。

比較文化の手法は、自画像と他者像の両方を浮き彫りにさせ、思考に奥行きと広がりをもたらす。比較文化の研究と交流が、謙虚な相互学習を深化させる。

比較文化の手法は特殊なものではない。情報をどう処理していくか、この課題に真剣に取り組むことに尽きる。将来増え続けるのが情報である。客観的に選別していく研究者の視点が求められていることは当然である。ここでは日中比較文化研究を進めていく上で必要とされるいくつかのアプローチを具体的に述べたい。

４　時間的縦軸と空間的横軸を組み合わす視点

いかなる国の文化を研究するにあたっても、時代または年代区分という縦軸の視点でその変化を追いながら、横軸・空間の視点で個々の時代精神に見合う変容をしっかり見極めていくことが欠かせない。いつのどの研究にも共通するスタンスである。社会文化領域で時代精神にかかわりのない研究は考えられない。日本文化研究についても、時代区分、時代精神を研究過程で有機的に捉え、分析して論じる必要がある。日中比較文化研究の方法論も、このような縦軸と横軸とを融合した視点を基礎として位置づけるべきであろう。

特に長い間の鎖国状態から激変した中国を見る場合、このことを強調しすぎることはない。中国は、日本とは長い付き合いがあり、紆余曲折の内容を残してきた。中国における日本文化研究もほかの国に比べると一筋縄ではいかない特殊な様相を呈している。したがって、縦軸と横軸をきめ細かく組み合わせる作業が求められる。

例えば、井上靖の『天平の甍』（中央公論社、一九五七）（注1）をめぐる評価の変化がそれである。日中の国交がまだ回復していない一九六三年四月に、北京作家出版社から中国語訳の『天平之甍』が出版された。前年の中央公論社版の翻訳であった。翻訳背景には、日中文化交流を進めたい党・政府の意向があった。遣唐使と鑑真に教育宣伝の価値があったからである。伏線として一九六二年十月、日中文化交流協会と中国人民対外文化協会が出した「日中両国人民間の文化交流に関する共同声明」がある。「来る一九六三年は、苦難を乗り越えて日本に渡航し、中国の文化を日本にひろめ、日本で高潔な生涯を終えた高僧鑑真和上の円寂一二〇〇年にあたる。この記念すべき年に、中日両国人民の文化交流を積極的に展開することは、はかり知れない大きな意義を持つものであろう」とある。

※注1『天平の甍』は一九五七年三月一日発行の『中央公論』三月号より同年八月一日発行の同誌八月号まで、臨時増刊号二号を除き六回連載された。それが同年十二月十日、中央公論社から単行本の形で発刊された。

5　鑑真ブーム（時代精神に翻弄される危険）

同じ一九六二年に、鑑真記念準備委員会が組織され、鑑真招請のために中国に渡った留学僧栄叡が客死した広東肇慶鼎湖山に記念碑が建立され、鑑真の故郷である揚州の法浄寺境内に唐招提寺と同じく金堂が建てられた。十月には北京で盛大な記念集会が中国日本友好協会の結成大会とともに開催された。鑑真に関する小論が二四本ほど発表されている。当時としては日中に関係したことで一人の人物に集中してこれほどの数の論文が書かれたのは異例であった。一九四九年から一九七八年まで中国で発表された中日文化交流関係の小論は全部でせいぜい約七〇編にしかすぎない（注2）。

鑑真ブームの仕掛け人は、国務院副総理、中国社会科学院院長、全国文学芸術界連合会主席、中日友好協会名誉会長ほか、たくさんの要職を務める知日派文化人郭沫若（一八九二―一九七八）という。しかし一九六六年に文化大革命が始まると、『天平の甍』に対する評価は一変した。「封建主義、資本主義、修正主義を代表する大毒草」として発禁処分を受けた。翻訳した楼適夷さんは糾弾された。文化大革命が終結した年の翌一九七八年、日中平和友好条約が締結され、『天平の甍』は、「中日友好のシンボル」として復活し、名誉回復された楼さんは新訳に取りかかった（注3）。

この例だけでも、中国における日本文化研究が時代精神に翻弄される危険を背負うものとわかる。だが、時間的縦軸のメモリがかわれば、特定の時代精神が普通の状態に変化してしまう。日本の場合は、戦争も特殊なメモリの刻み目に起こったできごとと思われる。そんな時期に横軸の空間を広げてみていくと、国境の彼方にある他の国という空間の時代精神が違うかもしれない。そこの国々の立場から眺めれば、たとえ近隣国であっても、自国では到底信じがたいことが発生したかのように受けとめるときがあろう。

日本では考えられない環境の中で中国の日本文化研究がなされてきたのである。

※注2　周維宏『建国以来の中日文化交流史研究――統計と分析――』（北京日本学研究中心編『中国日本学年鑑』科学技術文献出版社、一九九二）

※注3　楼適夷「『天平の甍』重訳記」(『読書』創刊号、生活・読書・新知三聯書店、一九七九)

6　二分法が作りあげる「後進国」

具体的に日本における普遍的な中国観に触れてみたい。中国を基本的に後進国とする見方が依然として根強い。この伝統的な中国観をベースに、欧米文化を上乗せした構造として最近の変貌をとらえていると思われる見方がまだ多い。しかし、中国の様変わりはもっと構造的な変貌とみてほしい。かつての中華思想の鎖から、あるいは、教条主義的な社会主義の殻から脱却する精神文化の変革が起こっていると見るべきであろう。

欧米に学べば先進国と後進国という二分法になりがちである。中国はこの二分法にあてはまらない。既成のメガネで先入観的に中国を見ることほど危険なことはない。多様な要素を複雑にからませて、歴史的な試みをしている国と見てほしい。異文化の視点で眺望するなら、激動の中国が少しずつ見えてくるように思われる。新しい中国観の確立を望みたい。

中国は固有の伝統的漢文教養体系とは違う世界に変わってきている。日本観も日本研究もグローバル化にもまれて新しい視点で取り組まれだしている。現代中国という独自の原風景から再出発した日本観と日本研究として改めて進められている。

7　文化の地域性への気付き

日本における中国に関する教育をみれば、中国語のほか政治・経済・社会や文学・芸術まで内容の充実は著しいものがある。しかし、表層の常識に止まらず、深層に見え隠れしている価値観の違い、生活文化の違いにもっと重点を置くようにすべきであろう。とくに中国留学者や就職希望者、滞在者に対しては欠かせない要素として認識されなければならないと考えている。

多角的に隣国を俯瞰しなければ実相を見失う。日中とも戦後、古来共有できた漢文世界における教養体系から大きく変容してきた。中国もここ二十数年、西洋に学び進化しているし、従来のありかたからの脱皮が著しい。現代の日本と中国はいずれも独自の原風景から再出発した。固有の相互認識を修正して新時代に見合う相互理解を深めていくことが必要であろう。そのために西安寸劇事件（二〇〇三年十月二十九日、中国西安の西北大学の文化祭で、日本人留学生たちが演じた卑猥な寸劇を、中国人学生が「中国を侮辱するものだ」として怒り、抗議行動が沸きあがった。翌日から一般市民も巻き込んだデモ行進や集会が繰り返され、やがて日本料理店が襲われる大騒動にまで広がった）を文化の違いの一例として、日中双方向の教訓に記させていただきたい。

西安寸劇事件にしても、深層に隠れている基層を見逃しがちである。その見えない基層が文化を特徴づけ、文化の違いをつくりだしている。基層にまで目が届けば異文化研究は新たな始まりになると思う。

これまで日中を異文化として見直す比較研究の意義が見過ごされていたところがある。もしくは異文化の見方を過小評価してきたように思われる。日中両国には、同じアジア文化の一員であるからとして両国の文化の違いに留意しようとしない人が多いのではないか。重ねていうが、日中は互いの現代文化に対し古代と同格の「同文同種」の先入観を排除しなければならない。中国には、同じ儒教文化圏として日本を見る風土があり、日本文化は中国文化の亜流とみなす長い伝統がぬぐえないでいる。一方で、日本は世界のどの国よりも中国古典の教養を持っていると自認している。お互いに知っているつもりでつきあってきた。それはあくまでも表層に止まる相互認識、相互理解である。

文化基層を探り出していく異文化としての日中比較の視点が今、求められている。日中が相互の文化の異質性に気づき、比較文化の研究を進めることが急務である。

8 「知っているつもり」という先入観

日本と中国の間には昔から「同文同種」という思いが強くある。これは時には相互理解を助けるが、分かっているという思いが先入観になって往々にして誤解のもとにもなる。これらのことを十分に認識したうえで、理解への準備を整え慎重に発信していくポリシーがなければ、正しく受信されにくいし、逆効果にもなりかねない。そのための心構えは、文献、資料によるだけでは不十分である。日中両国という研究現場での生活体験を基にした立体的研究が優先されなければならない。相互認識のずれを気付かせるには、生の体験ほど貴重なデータはない。

漢字を使う日中間では、思わぬ誤解がいくつもある。「謝罪」もその一例である。もともとは同じ意味だった漢字が歴史的な経緯の中でそれぞれに変容したことを考えないで、相手の漢字を自分たちの意味で理解するからである。相互の違いに気づき、文化の違いに通ずるものと認識することが自然であるとの「常識」を持つことが大事である。現実問題としても日中両国の間にわだかまる未解決の思想課題や政治的要素に引きずられ、相互の文化における異質性を冷静に見る視線が欠如している。

相互認識の「ずれ」という研究が放置されてきたからであろう。同文同種から生まれた「知っているつもり」という先入観を排除してはじめて、相互理解の必要性が認識される。相互認識の「ずれ」を認め合うことのないところには、しこりや誤解が生じる。

9　文化の違いを認識する「常識」

日本人同士、「先日はお世話になりました」「こちらこそ」と挨拶を交わしている。礼を言いそびれると気まずい思いがするようだ。言い忘れたときには、別れた後に「お礼を言い忘れていました」と電話することもあるというから驚きである。また、一年ぶりに会ったときでも世話になったことを感謝する言葉を添えるのが挨拶の基本とされる。日本社会の慣習だ。中国人の感謝は、その時その場限りである。どれほど世話になっても、後日会ったときには先日の謝意を表しないのがふつうだ。繰り返しての感謝は水臭い、相手との間に距離を置いていると思われる。心の距離をつくりたくない。親しいからこそ、再三の感謝を避ける。それに比べてお詫びの言葉は繰り返すことが多い。反省を分かってもらうために何度も繰り返すのである。刎頸の交わりのように時には自己犠牲して詫びる。

反省にこだわるところが中国社会の特徴になっているかもしれない。過去の出来事をつねに思い出す習性に通じていると言えよう。中国で一般的なことわざに「前事を忘れなければ後事の師になる」（前事不忘、後事之師）がある。歴史教育に限らず、いろんな場面で頻繁に持ち出されることわざである。ちなみに普通の中国庶民の間の会話にも古典からの故事引用や諺が多用される。気障《きざ》でも粋《いき》でもなく、わりあい普通である。

10　世界各国での「日本ブーム」

生活文化、大衆文化を切り口にした日本研究が少なくない。中国やアジアだけでなく西欧でも、アニメに象徴される大衆文化の日本研究は盛んである。日本では、正統派の研究とされないのはどうしてだろうか。

二〇〇四年九月三十日、ハーバード大学で「イグ・ノーベル賞」の平和賞の受賞式が行われた。受賞者は兵庫県西宮市在住の井上大祐氏で、受賞理由が「カラオケを発明し、人々が互いに寛容になる新しい手段を提供した」からという。ユーモア溢れる知的な受賞理由のように思う。

カラオケはいまや各国に普及し、日本文化を代表している。受賞式から二週間後、北京で中国社会科学院日本研究所が主催した国際シンポジウム「世界の中の日本文化――自国文化との摩擦と融合」に参加したが、カラオケとまじめに取り組んだ研究が発表された。カラオケに注目し、大衆文化が自国の精神文化やグローバリゼーション化に多大な影響を与えたという論点が含まれていた。シンポ開催の意図と一致したテーマでもあった。カラオケは反響を呼び、日本のほか韓国やアメリカ、フランス、ロシア、インド、ベトナムなど八カ国の日本文化研究のリーダーや専門家が、日本語による討論をした。

討論の結果、大方が一致して「世界における日本文化の影響が大きくなりつつある。大衆文化や流行・ファッションが世界中の若者を引き付けている。その一方で理解されない場合もある」というようにまとめられた。世界に普及した日本文化の「受容過程における摩擦の減軽」のためにも、「国際的に交流して日本文化研究をともに推進する必要がある」と締めくくった。

熱気に溢れるシンポジウムをみても、日本の大衆文化の世界への浸透力は認めなければならないと思う。カラオケのほか、マンガやアニメもすでに世界に公認されている。日本の生活文化、大衆文化が発信されてきた結果、各国で多様な「日本ブーム」を引き起こしている。中国語圏では、「村上の子どもたち」や「ハーリー（哈日）族」が市民権を得、英語圏では「クールジャパン」という言葉がささやかれる。さらに日本ブームを受けて、各国で異文化としての日本研究が、着実に進んでいる。

11　他国の「日本の評価」を研究する

このような現状から次の二点を指摘できる。

一点目は、各国で日本の生活と大衆文化が再認識されて、日本の文化力（ソフトパワー）を見直す機会をもたらしている、ということである。

二点目は、現代史における日本の文化的役割が無視できなくなっていることである。とりわけ、政治の波風のたつことの多い日中間やアジアの国々との間では、対話可能な原風景として日本の生活と大衆文化が共有される方向に進んでいるのではないかと思われる。

日本文化が世界の文化の中で特殊な性格を持つとしても、平和発信として積極的に働きかけていくなら共有の範囲を広げられるであろう。カラオケの効用がそれを教えている。日本は受動的になるべきではない。「ドラえもん」（機器猫）の知名度は、各国で日本の首相をはるかに超えている。回転寿司が全世界で回っている。日本の生活文化、大衆文化は世界の影響を受けているが、同時に世界に向けて発信されている。

日本の生活文化、大衆文化は世界に受け入れられつつある。アニメ、マンガはその筆頭であろうが、村上春樹に象徴される大衆的な文学作品も、中国だけにとどまらず、韓国、東南アジア諸国を始め、アメリカやヨーロッパ、ロシアでベストセラーになっている。各国でブームを起こして、日本を見直すための研究対象になっているのである。日本の気がつかないところで、世界が日本を話題にし、日本を評価している。「フジヤマ」「ゲイシャ」が日本の代名詞であった時代は遠い昔になった。今は好奇の目で日本を見るのではなく、魅力的な日本文化そのものにひきつけられる情況が各国で起こっている。

日本では、他国の日本研究を対象とする研究が真剣に取り組まれてよいと思える。それは日本の研究者にとって参考になり、貴重な視点や資料が得られるかもしれない。このような認識で研究のプロセスを循環させるなら、「国際日本学研究」の発展が期待できる。

12　二〇〇〇年を超える交流

日中は近くて近い国の関係でありたい。しかし、日中関係は、「政冷経熱」と形容されることがあるように、時折とくに政治・外交面での対立が表面化する。冷ややかな政治の状況が経済と文化のレベルに影響しないわけがないという懸念を抱いている。経済、文化の交流を増やしながら、政治・外交も友好的な関係を築いていきたいのが双方の願いである。

日中交流は二〇〇〇年を超える。日米の交流が一八五三年の黒船来航以来一世紀半に過ぎないのと比べて、日本では中国の影響が暮らしにも隅々まで染み込んでいる。中国においては日本像が古くからあることはすでに触れてきた。概して平和な関係の時期が長いが、幾たびか不幸な時期もあり、日本像を複雑にしている。邪馬台国の時代から遣唐使にかけての友好の歴史から一転した倭寇侵攻や日中戦争の後遺症は、簡単に癒えるものではない。一九七二年の日中国交正常化後は、日本製品と日本の大衆文化の浸透・普及などによって、新たな日本像が生まれているが、A級戦犯が祀られている靖国神社参拝問題や教科書問題などによって悪役の日本像が一向に消えない。いったんもつれた毛糸を解きほどくのは簡単ではない。靖国問題も教科書問題も懸案が先送りされているだけなので、すぐにまた簡単に日中関係及び両国民の感情は絡み合った毛糸の状況になる。

友好な日中関係でありたい。そのためには、対立や違いに目を向けるのではなく、共通している部分を土壌に対話することが重要ではないか、と思われる。
両国をつなぐもっとも有効な土壌といえば文化であろう。古代には日中韓の間に白村江の戦いが六六三年に起こったにもかかわらず、遣唐使の派遣と受け入れは中断されなかった。それは文化使節団、平和使節団であり、領土的な野望がなかったからであろう。後に正式の交流が途絶えたときにも日中の文化のつながりは継続された。、東大寺僧奝然《ちょうねん》（九三八―一〇一六）は宋の太宗に謁して年代記などを献本した。日本に関する質問に答えて相互理解を深めている。このことは『宋史・日本伝』に実録されている。

二〇〇四年秋のこと、東京・上野の森では、中国国宝展と始皇帝兵馬俑展の二つの中国歴史遺産関係の展覧会が開催され、多くの日本人が鑑賞した。夏のサッカーアジア杯での「反日噴出」騒ぎが日本で大々的に報道され、中国への反発が消えやらぬ状況であったが、どちらの展覧会も最終日は貴重な中国文化の威光を見逃すまいとする人の波で埋まったという。中国映画も話題を集め、張芸謀監督作品の「ヒーロー」や「ラバーズ」はヒットした。一方、中国でも、一九七三年以来の大相撲興業が〇四年六月、北京と上海であり、どちらも盛況であった。

日中ともに、政治と文化を分けて、文化交流を拡大させている。外交のトラブルを文化にシワ寄せしない関係は歓迎すべきことである。

13　地域性を認め、共同知を醸成する

あるべき文化交流の姿とは何であろう。それは、相互理解が深まり基層文化に触れるように交流すべきというひと言に尽きる。基層文化が文化土壌を形成し、人の考えや判断に無意識の影響をもたらしている。したがって、基層に触れるような文化的交流を進めれば相互理解が深まり、政治、国際関係、外交の分野でも反目が減るに違いない。相手国に対する国民感情も表面的な場合が多く、基層まで達すれば相互の違いに敬意を表して、逆に信頼関係が生まれると考えている。

生活レベルの交流こそ、求められる文化交流の姿である。生活に染み込んだ基層文化がある。民衆レベルの文化交流を進めることが大事だ。生活者中心の文化ミッションこそ必要だ。一衣帯水の隣国として文化交流を続けてきた歴史があるからこそ、生活交流も拡大できるはず

である。

日中は独自の文化を育んできた。価値観、宗教、文学、思想などに異なる発展をしてきた。日中関係の基礎として異質性を発見し、文化の違いを認め合えば、文化交流の促進が不可欠になる。等身大の対話がふつうになれば、政治的な反目も少なくなる。両国研究者が共同作業して生活レベルの基層文化関係の研究を進めることが必要と思う理由である。

この世界を見渡して、日中ほど歴史的に長く交流してきた二国関係はないと思われるにもかかわらず、現代史における反目、いがみあいはどうしたことか。文化面から反目の背景に迫ることはできないか。比較文化の手法による「異文化」という視点で捉え直す文化関係の確認、分析、研究が急務と考えている。アジアの国々の間にも共通する視点と思われる。

14　経済成長を「武士道文化」から読み解く

新渡戸稲造の『武士道』は一八九九年に英語で出版されて以来、一九〇五年の改訂版を経て多くの国で翻訳されている。中国では一九九三年に張俊彦さんが一九七二年の岩波文庫版に基づいて翻訳したものが商務印書館から発刊された。増刷が相次ぎ二〇〇五年六月に八刷になった。

『武士道』の本は上記以外に三種の翻訳版が知られている。

・傅松潔訳（企業管理出版社、二〇〇四年一月、発行部数一万五〇〇〇部）。
・陳高華訳（郡言出版社、二〇〇六年五月、発行部数不明。題名は訳者の潤色が反映されている『武士道　日本民族精神の哲学解釈』となっている）。
・宋建新訳（山東画報出版社、二〇〇六年六月、発行部数一万部）。

在中国日本国大使館専門調査員である及川淳子さんの論文「北京における日本関連図書事情――「日本論」をめぐる一考察」は、中国における『武士道』の受けとめ方の一端を教えている（『相互理解としての日本研究―日中比較による新展開―』法政大学国際日本学研究センター、二〇〇七）。

企業管理出版社版は、『武士道～日本に最も深く影響を与える精神文化』と題し、その表紙や裏表紙には、「世界的な古典のベストセラー」、「日本が経済強国であることの最も信頼すべき解釈」、「武士道文化の最も権威ある読本」などのキャッチコピーが見られるほか、扉には「現在日本で発行されている五千円紙幣には、新渡戸稲造の肖像が印刷されている」、「ドイツ語、イタリア語、フランス語、スペイン語に翻訳され、世界各国で武士道文化の経典として読まれている」と宣伝している。企業管理出版社という特性のためか、同書はビジネス本としての要素が強く、日本の経済成長を武士道文化の面から読み解くという出版の意図が感じられる。訳者による前書きでは、「文化、政治、経済、歴史の角度から全面的に日本人を理解したい人、日本に関連するビジネスや政治活動に関わる人、日本の精神に学び各種の実践に応用したいと考える人」は同書を読む必要があると説かれている。

なぜ『武士道』が読まれているのか。新渡戸稲造の表現手法・比較文化の手法に注目して、愛読される理由を探りたい。

15　文化交流の結晶

新渡戸稲造はこの著作の読者に外国人を念頭に置いた。とくに英語圏の人々である。生活環境も教養も違うが読んで理解できる表現と内容を心掛けねばならなかった。異文化の人々は日本文化をまったく知らない、体験もしていない。しかも一つの異文化ではない。多様である。この難題に彼は挑戦した。幸いにアメリカ人女性を妻にしたので、妻が最初の読者になって反応を確かめながら書いていったと思われる。

実際、『武士道』の序文によっても新渡戸稲造と異文化の相互作用が窺われる。『武士道』を書くことになった動機について序文で告白している。学校で宗教教育というものがないことに西洋人が驚き「いったいどのようにして子孫に道徳教育を授けるのですか」と質問されたことがきっかけであるという。西洋人にとって、宗教とはあらゆる生活の基準であって、多くの場合キリスト教が内なる絶対的な価値をもっている。中国人における儒教と同じ位置を占めている。また、日常生活においてアメリカ人の夫人をはじめ西洋の知人、友人に質問されたことが多いのも、執筆に至る動機のようである。

新渡戸稲造は、日本文化の対欧米における最初の説明者という位置づけが可能である。新渡戸は西欧人と知的対話をした明治の先進的日本人の一人である。西欧人は新渡戸を通して日本に関心を抱いたに違いない。好奇心をもった西欧人が質問して、新渡戸を仕向けて、答案を書かせたのである。答案は書き出す前から西欧と日本の比較の脈絡に置かれていた。知的対話に刺激されて著作に向かうかどうかは性格と意欲もあるが、使命感ほど動機としてふさわしいものはない。日本文化を知り尽くした自信と異文化との差異に怖気ない頑固さも欠かせない。執筆の全過程に相互理解としてのケーススタディーを必然としたはずである。したがって、『武士道』は異文化比較の結晶とも言えよう。

16　読まれ続ける『菊と刀』

日本人が書いた日本の精神文化の解説書として、新渡戸稲造の『武士道』とともに、岡倉天心の『茶の本』、九鬼周造の『「いき」の構造』は名著三部作である。日本文化が学術的に整理されて世界に発信された意義は大きいといわねばならない。ところが、外国人でありながら日本の知識層を驚かした日本文化研究がある。中国の日本研究者たちも注目するようになった

『菊と刀』である。

『菊と刀』はアメリカの文化人類学者ルース・ベネディクトが、敵対国の社会の特徴を知る必要に迫られた米政府から要請されて研究し、太平洋戦争が終わった翌一九四六年に完成した日本論である。The Riverside Press Boston 出版の英語版に基づき、一九四八年に日本語訳された。中国語訳は一九八七年に浙江人民出版社から発行されたのが最初である。その後、日本への関心が高まった一九九〇年に、呂万和・熊達雲・王智新三氏の共訳で商務印書館からも出版されて二〇〇五年に第一四刷が出た。累計で発行部数は十数万部になった。

そのほかに中国語訳が四種出版されている。

・孫志民ら共訳（九州出版社、二〇〇五年一月、発行部数四万部）。
・唐暁鵬と王南共訳（華文出版社、二〇〇五年二月、発行部数三万部）。
・廖源訳（中国社会出版社、二〇〇五年二月、発行部数一万部）。
・線装書局から二〇〇六年一月に出版の『日本四書』の一冊に収まった。『菊と刀』のほか『武士道』、『日本論』（戴季陶）『日本人』（蔣百里）。副題には「日本民族の特性を洞察する四つの文体」とある。

『読売新聞』は二〇〇六年一月一日付の記事「日本人とは何？　中国で『菊と刀』ベストセラーに」を載せ、商務印書館版『菊と刀』の発行部数は「計一四刷累計一二万部」と紹介した。前にも引用した及川淳子さんの調べでは、商務印書館版は発行以来十数年間の出版数に匹敵するほどの七万部が二〇〇五年の一年間だけで増刷されたという。この年は反日の動きが活発化した年だった。

日本では、『武士道』と『菊と刀』の日本文化論に対して是非をめぐる議論が多様に交錯している。しかし、議論内容への賛否は別にして、『武士道』も『菊と刀』も共通点は日本文化について、比較文化という手法によって分析を展開していることである。

日本においては細分化された日本研究は多いが、外国人と共同作業した普遍的な視点による研究はまだ少ない。国際的視野による日本研究が欠ける結果、内外の研究を統合する体系的な成果が乏しいといわざるを得ない。これが、本格的な国際日本学研究の展開が遅れている背景でもあろう。『武士道』と『菊と刀』に学ぶところが多い。

国際日本学研究を進めていくには、外国人研究者の成果を踏まえ、日本の文化が多様性を持つ混成文化であるとの認識が必須である。このような認識を持ったとき初めて、日本文化を国際的に発信することが可能になろう。

17　自然に学び自然に対し謙虚だった宮沢賢治

日本人に広く親しまれ、外国人にも愛される日本人の作家の代表が宮沢賢治である。

雨ニモマケズ
風ニモマケズ……
……イツモシヅカニワラッテヰル

賢治は作品で、自己完成を求め、求道の苦楽を描いた。悟りに通じる深い意味を含んだ笑いである。笑い声にならない笑いである。「よだかの星」では、「みにくい鳥」よだかが天上に向かって飛んでいく。体が燃えだしたと知った時に「たしかに少しわらって居りました」。「虔十公園林」では、「ミンナニデクノボートヨバレ　ホメラレモセズ　クニモサレズ」、虔十が周囲の無理解にも黙々と自分の意思を通して植樹を続けたとき、笑いがみられる。

賢治の描く笑いは、汚れたこの世界を生きなければならない衆生が心を救われたと感じたときにこぼれる表情かもしれない。賢治は「われらの祖先乃至はわれらに到るまで　すべての信仰や徳性は　ただ誤解から生じたとさへ見え　しかも科学はいまだに暗く」(「生徒諸君に寄せる」)と、近代文明の受容に伴うマイナスの付加価値の蔓延を見抜いた。

賢治は、人間も生きとし生ける命のほんの一部であり、自然界の一存在としか捉えていない。人間だけの世界に閉じこもったのではない。人間はこの世界を、すべての動物と、すべての草木と共有していることを信じた。あらゆるものが共生していることを疑わなかった。この信念を代表作『春と修羅』の「序」の冒頭に記した。

わたくしといふ現象は
仮定された有機交流電燈の
ひとつの青い照明です
（『宮沢賢治全集』第二巻（筑摩書房・昭和五十一年二刷）

万物を平等の眼で俯瞰したときはじめて、相互に「有機」関連の因果関係にあることに気が付く。青い照明の明滅の交代循環図が見えてくる。賢治は謙虚であった。「（すべてがわたくしの中のみんなであるやうに　みんなのおのおのの中のすべてですから）」（同上）。「農民芸術概論綱要」では「世界ぜんたい幸福にならないうちには個人の幸福はあり得ない」と言った。あらゆるものがみな相互に関係しあっていると思ったからだ。人間同士の争いも人間と自然との対立も愚かと道破したのである。

自然との融合に通じる世界観である。これも文化の深層を映し出す日本の風土から学び取ったものであろう。しかし、地域に根ざしたローカル文化への愛着は賢治の思考を深めはすれども、内向きに閉塞させ矮小化させることはなかった。自然に学ぶことを習性にした賢治は自然に対して謙虚さを失わず、「人と地球によるべき形を暗示せよ」（「生徒諸君に寄せる」）と説いた。自然豊かな郷土を愛して、岩手を「イーハトーヴ」と名づけた。郷土を理想郷にして世界全体に広げる夢を託したように思われる。

18　共生モデルとしての賢治の作品

自然と融合した賢治の童話風作品はどれもこれも、あらゆる生き物の対話で満ちている。「雪渡り」は狐と人間の子どもたち、「鹿踊りのはじまり」は鹿たちと人間との成功例だ。異文化交流の見事なシンフォニーを奏でていると見ることができる。敏感な賢治は、二十一世紀のグローバル化の進展を想像していたのだろうか。一〇〇編以上に達する童話は共生モデルとして発信されているのかもしれない。

仲良く共生することを混乱させる制度や仕組みがなんと多いことか。賢治は「どんぐりと山猫」に描いた。「一番偉い」をめぐって争うどんぐりに、一郎少年が世俗価値をすべて否定して、自然無為の原点に基づく判決を下した。「いちばんばかで、めちゃくちゃで、まるでなってゐないやうなのが、いちばんえらい」というのだ。

おそらく、賢治ほど子どもから大人まで、年齢の差なく、文化の違いを超えて、受け入れられる日本の作家はいない。普遍的な世界観がつねに描かれているからだ。同時に、賢治ほど日本文化が国際化可能なことを示した作家はいない。自然融合という普遍的な価値が、日本人のアイデンティティーとしてわかりやすく描かれているからだ。日本文化の発信力が世界から問われている今、賢治に謙虚に学ぶことが必要ではないだろうか。

19　賢治の孤独と普遍性

青木保氏が日本文化の特徴を「混成文化」として論じている（『異文化理解』岩波新書、二〇〇一）。昔から現代までいろいろな時代の考え方や、さまざまな国の思想が並存してなりたっている。あらゆる異文化を吸い込むスポンジのような性格の文化だと思われる。実は宮沢賢治の作品の世界がまさしく「混成文化」の宝庫である。他文化を要素にしているから当然、中国文化に学んだとみられるところは多い。

中年生まれの賢治は幼少のときから『西遊記』を愛読した。故郷の「イーハトーブ」の岩手県は北緯三九〜四〇度の位置で、タクラマカン砂漠の東の入り口だった「楼蘭」などと同緯度である。これは偶然の一致にすぎないが、世界地図を見たときに気付くこの一致によって『西遊記』の舞台でもある西域幻想へ賢治を一層駆りたてたと思われる。憑かれたように賢治は、安楽の宿を求めて、作品の中で仏教の教え、聖地および求道への信念を「西」「西天」と象徴させ、それに向かって心象の世界を必死に歩きつづけた。賢治は自分を「修羅」といった。果てしない修羅の旅は終わることがない。そして極めて孤独な旅である。

八歳下の弟である宮沢清六氏によると、賢治の一生をながめて、次のような回顧文がある。

全く、幼い頃から筆者の見た兄は、特に中学生のころと晩年のころは表面陽気に見えながらも、実は何ともいえないほど哀しいものを内に持っていたと思うのである。父がときどき「賢治には前世に永い間、諸国をたった一人で巡礼して歩いた宿執があって、小さいときから大人になるまでどうしてもその癖がとれなかったものだ」としみじみ話したものだが、たしかにそのように見えるところがあった。
（宮沢清六『兄のトランク』筑摩書房、一九八七）

うつむき、瞑想に耽る賢治の姿が浮かんでくるような清六氏の回想である。しかし、賢治は遺言で明らかにしたように「全生涯の仕事」と認識した以上、歩くことを止めようとしない。病を背負い、時間との競走を強いられたかのようにひたすら歩き続けたのである。

わたくしはでこぼこ凍つたみちをふみ
このでこぼこの雪をふみ
向ふの縮れた亜鉛の雲へ
陰気な郵便脚夫のやうに
（またアラツディン　洋燈とり）
急がなければならないのか
（『春と修羅』「屈折率」）

賢治はこの詩の「郵便脚夫」に託したような、決して形而上にとどまる求道者ではなかった。玄奘と同様に寂しくても強靭にひとりで山野を歩いた。そして古代の農業技師であった神農に惹かれたように、農の哲学を実践した。日々、賢治は反省・告白を怠らず、時代閉塞から逃げず、時代の処方箋を創出しようと自己格闘したのである。このため、儒教・道教の探求もした。中国古典を読み耽った。

中国古典は賢治にとって、作品が生まれるヒントの輝く星空であった。賢治が自ら名づけた「心象スケッチ」とは、他の作品から摘み取ってきた星々が繋がって形づくった星座である。明治・大正期の日本は中国古典に関する教養が必須であったが、賢治はより多く知り、より深く考える「中国通」であった。それは読書を大切にしていたからであろう。

『北守将軍と三人兄弟の医者』は『唐詩選』など中国古典に拠ったある種の借景作品と思われる。中国古典に刺激された斬新な詩的再生であった。中国古典の海を泳ぎながらエキスを汲み取り作品に投射する技術は、賢治の独壇場である。作品になったときは、もはや中国古典の跡形は見えなくなっているのである。こうした賢治の高度な借景技法こそ、詩心から生まれた結晶ともいうべき心象スケッチの真髄であろう。

西域を舞台にした『北守将軍と三人兄弟の医者』という作品に象徴的に見られるように、賢治は「西」への追体験を求め続けた。同時に、日中戦争への道を歩んでいた当時の時代の空気にあって、賢治は「北守将軍」の生き様に平和を願うメッセージを委ねた。現実を透視して、時代に敏感な詩心でもって描いたとの推察が可能である。賢治の国際性には無窮の広がりが感じられてならない。

20　『烏の北斗七星』が示す日本固有の死生観

日本文化は遠くから見るだけでは基層から理解するのは難しい。宮沢賢治の作品を例にして話してみたい。一般的に国や民族を超えたコスモポリタン型文学とされるが、中国人の感覚からは不可解に思うところがある。

『烏の北斗七星』という作品がある。これは烏と山烏の戦いを展開した戦争物語である。主人公の烏が敵の山烏と戦う前の日に、殺生することになるため苦しみ、何度も祈った。「どうか憎むことのできない敵を殺さないでいいように早くこの世界がなりますように、そのためならば、わたくしのからだなどは、何べん引き裂かれてもかまいません」。山烏を敵としたのに、なぜ征伐するのを躊躇してしまうのか。そして殺した山烏をなぜ、涙を流して丁重に葬ったのか……。いずれの場面も、正邪の変らぬ区別をはっきりさせなければ気がすまない中国人のごく一般的な価値観からは、烏の悩み自体が不自然に映る。これが大方の中国人の素直な印象である。多くの中国人研究者も頭を抱えるのである。

筆者は一九八〇年代以来、日本で生活している。日本社会という研究室で顕微鏡の中の日本をのぞいている。賢治作品の不可解な疑問がある時一気に氷解する時が訪れた。ようやく烏の心境が理解できた。それは日本人に独特な死生観であるからではないか。日本人に形成された思考や慣習の中に外国人には見えにくいものがあると気付いた。

「筆塚」が筆者の家の近くにある。日本ではこのような供養塚が各地にある。ウナギを食べながら後日「鰻供養」を執り行っている。宮城県・松島の瑞巌寺にある鰻塚が「鰻供養」の名所でもある。大阪在住の学生に自宅周辺の供養塚について調べてもらったところ、すぐに二〇カ所ぐらい見つけてきた。

宮沢賢治の作品には、「死の美学」という日本文化全体に通じる特徴があると思う。死を禊の行為とみなしたり、ときには神聖視したり、美化したりしている。この死生観はおそらく、仏教だけでなく神道、それに武士道の三つが混成している。賢治の作品は、こういう日本の死生観を自然な形で描いている。だから、その作品は国境を超えた響きを届けながら、よくよく背景を探れば、『烏の北斗七星』のように、日本固有の死生観、ないしは日本的な思考を同時に内包していたわけである。

私は日中比較文化の研究者として、異質な死生観だけですら認識するのに十数年かかった。日本を体験しない外国人にとっては難儀なことに違いない。

21　賢治研究の意義

日本作家群の中で、コスモス型とローカル型を共存させた賢治は貴重である。作品は国境を越え独特の色彩や響きを放ちながら、死生観など日本文化の基層を気付かせる内容があふれている。日本文化の基層に裏打ちされたところはローカル型になる。この意味では日本理解の簡便な教科書である。

賢治を研究することは、日本文化と日本人を理解するきっかけになる。このような賢治研究の意義の認識は、あくまでも個人的認識をもとにした発言であるが、中国人に日本文化・日本文学を提供するときの選択眼として参考になると信じている。

日本理解にもなる性格が賢治研究に内包されている。このことは、研究の共同作業という方法をとれば、日中だけでなく、日本とアジア各国の相互理解が進むのではないか。日中戦争や太平洋戦争で日本軍に侵略されたアジアの国々は、日本に対して今も不信感が強い。不信を取り除くには賢治研究が有意義だと思われる。日本文化を理解するきっかけを得たとき、本格的な日本文化研究に取り組むことができるようになる。

【第三種郵便物認可】　2000年9月7日（木）　WEEKLY CHINESE WORLD　中国语世界　7

中国最新流行語 ★★★

kǎ wā yī
卡哇伊

"CAWAII"（かわいい）是上海新新人类的口头禅，是日语中可爱的、青春的意思。直接音译成"卡哇伊"三个字，又多添了一份阳光灿烂的、色彩缤纷的含意。在时尚界，日本的流行风潮劲刮不止，日本的舶来语也自然而然地时髦起来。这个夏季正像"卡哇伊"形容的一样热烈而可人，无论是服装、化妆、发型都朝"卡哇伊"的方向靠拢，缀满花边的裙子，红红的脸蛋和飞扬的羊角发辫，不漂亮没关系，只要"卡哇伊"就行。

▲このほど北京でカシミヤ製品の発表会が開かれ、かわいらしさを演出する着こなしも注目を集めた。

カワイー

「卡哇伊」は上海の若者の間で流行している言葉で、日本語の「かわいい」を、そのまま音訳したものだ。キラキラしたもの、カラフルなものを形容する時にも使われる。上海ではトレンドの世界に、日本の流行が怒涛の如く入り込んできている。それに伴い、日本語もおしゃれなものとして、自然にもてはやされるようになったのだ。今年の夏は、まさに「カワイー」の一言で形容されるような、はじけた粋な夏だった。ファッション、メイク、ヘアスタイルのどれをとっても、「かわいい志向」が前面に押し出され、レースのスカート、ピンクのチーク、山羊の角のように立たせる髪型が流行した。美しくなくても、かわいければいいのだ。

【例句】穿上这样的洋装，整个人一下子"卡哇伊"起来。

【例文】こういう洋服を着ると、全身が瞬く間に「カワイー」っていう感じになる。

「卡哇伊」

出典：『週刊中国語世界』、日中通信社　2000年9月7日号

22　日本の若者文化に陶酔する「新新人類」

一九九四年、台湾では「哈日《ハーリー》族」が次々生まれている。メイド・イン・ジャパンに魅力を感じ、日本を好きになった親日の若い人たちである。大陸の中国でも同様の傾向があり、「新新人類」と呼ばれている。彼らは日本の若者文化に陶酔していて、東京の渋谷、原宿などに集まる若者のカッコいいファッションにあこがれる。二〇〇〇年、「かわいい」という日本語が「卡哇伊」という当て字に化けて、中国で流行語となった。彼らは日本の音楽に夢中になり、意味不明であっても日本語で歌うのがカッコイイと思っている。見るものは日本のアニメとマンガである。二〇〇一年、南京で一人の少女が

自殺したが、その方法は日本のマンガを読んでまねたものである。少女の部屋は日本のマンガで埋まっていたという。

隣国同士海を挟んで、若者たちは最新の生活文化を交流している。日本では、チャイナ風の服が流行り、毛沢東の名前に因んだ「毛カラー」、「毛ジャケット」と呼ばれる男性用のファッションが一部で広まったことがあった。少し前からは、「北国の春」などの曲を中国語で歌うカラオケが粋とされ、若い層だけでなく中年層にも浸透していると聞く。

こうした現象は時代の流れに乗った文化交流といえるが、日本文化に対する人気が表面的な部分にとどまっているところがないだろうか。日本文化の魅力が高まっている今だからこそ、日本文化の発信内容の進化や伝え方がもっと工夫されてしかるべきであろう。

中国人の日本文化研究者から聞いた話であるが、二十数年前、上海で歌舞伎公演があった。歌舞伎誘致に中国政府が加わった公演でもあるので、観客は「友好のための仕事」として動員され、会場に閉じ込められた形になった。しかし、多くの観客にとって歌舞伎は理解の難しい異国芸術で嫌気が差し、一部の観客がトイレの窓から逃げ出したという。これにはいろいろな事情が挙げられる。日本文化に関心を持たない観客が多かったのかもしれない。活動的な京劇を見慣れた中国人からは退屈な演目もよくなかったらしい。

この例とは反対に成功したのが、一九九九年、浙江大学日本文化研究所（現在、浙江工商大学日本文化研究所に改名）が創立十周年の記念行事として催した中国初公演の能である。主催及び関係団体が中国人の日本文化への理解度をよく把握して、解説など事前の準備に気を使ったからである。文化発信に欠かせない必要条件を満たしたのである。

23　政冷経熱・研究熱

とくに二十一世紀に入って数年、日中関係は政冷経熱と称された。難しいこの時期、中国国内では日本関係の担当者や研究者が発言を控えたのは確かである。しかし、関係改善を希求して波風を立てた人もいた。二〇〇三年、『人民日報』の元評論員・馬立誠氏が対日「新思考」を提唱したため辞職せざるを得なかった出来事は記憶に新しい。

経熱とともに研究熱も健在だった。意欲的な論説が多く出た。『〈意〉の文化と〈情〉の文化』（筆者編、中公叢書、二〇〇四）には、中国における日本研究の最前線で活躍している研究者が最新の論著を寄せた。また中国社会科学院日本研究所主催の日本研究青年論壇が二〇〇三年に発行した『中日両国の相互認識』（世界知識出版社）にも高論卓説が多く収録された。同論集には筆者も「中日同文同種意識中的認識差異」を寄稿した。社会科学院日本研究所は政冷も関係なく研究シリーズの刊行を続けている。

24 『参考消息』小考

中国でもっとも部数の出ている新聞が中国共産党の中央機関紙『人民日報』であることはよく知られている。広い中国の数少ない全国紙の一つである。建国が自明となった一九四八年六月の創刊で、翌四九年十月の建国以来ずっと政府の声を代弁し、権威ある広報誌の地位を守り続けている。しかし、一九七八年以来進む改革開放の中で、『人民日報』の部数が伸び悩んでいる。地域紙が個性的な紙面づくりに励んでいて、『人民日報』の官報的な性格が敬遠されるらしい。中国では、もともと全国紙の発展が難しいこともある。ところが、近年急速に知名度

参考消息電子版　http://www.cankaoa.com/

を上げる一つの全国紙がある。『参考消息』である。

大量の新生紙・誌が現れては消える中、『参考消息』は生き延びてきただけでなく、部数増を続けている。読者に鍛えられ、読者の咀嚼に耐えて、「現在の中国で一番信頼される新聞」という位置づけを得ている。日刊の発行部数は三〇〇万部、読者数は一〇〇〇万人以上という。

改革開放政策の進行で、中国社会全体がどう変わったか。市場経済の導入による自由化が各方面に激変をもたらした。マスコミも例外ではない。党・政府の統制がゆるみ、紙面の柔軟化が進んだ。これまで許可されることのなかった民間のマスコミ業への参入が可能になった。多様多彩な出版物による自由競争が始まった。さらにテレビやインターネットが普及するにつれ、急速に情報化社会が中国社会を覆った。多面的な情報に日常触れていると情報を取捨選択する目が肥えだした。信頼できる情報、おもしろい情報などニーズが多様化した。思想統制の方針がまだ残っているものの、開放感の中で情報を求めだした国民のニーズに応えることができない情報紙は伸び悩んだり見放されたりする。しっかりした情報発信源をもったところがステレオタイプの紙面づくりを脱して、激変の社会を追走することができる。その典型が『参考消息』である。

『参考消息』は国営通信社「新華社」の翼下にある。世界各地の取材拠点をフルに生かしている。外国情報の紹介・解説に重点を置くという変わらぬ刊行主旨が貫かれ、外国情報の重要なデータベースとして国民一般にも購読層が広がっている。現在、手にとって読みやすいA3判、一六ページ余りの冊子スタイルである。

『参考消息』は一九三一年十一月七日、共産党色の強い江西省の瑞金という町で創刊された。『人民日報』より歴史がある。蒋介石指揮の国民党政府が南京を首都にして対外的には不平等条約の撤廃に向けて活発だったころで、国民党政府の向こうを張って、ともすれば外国情報に疎くなる党幹部のために世界各国、地域の情報を紹介し分析もする高度な参考紙として、極めて限定した読者を対象にスタートした。共産党政権の新中国にかわっても発行され続け、半ば情報鎖国状態の中国にあって党・政府の貴重な海外情報源とされた。毛沢東が「天下無二の新聞」と賞賛した。中央だけでなく地方機関の幹部にも必読させる狙いで五七年三月一日、毛沢東の指示に従って紙面改革が行われて充実し、部数が拡大した。この改革は、周恩来がはじめから参与し指揮した。その後の『参考消息』には文革期間などの停滞期はあったものの、発行は継続された。

七八年の中国共産党第一一回三中全会（共産党第一一期第三回中央委員会総会）における改革開放政策の決定に合わせて、『参考消息』は敏速に掲載基準を見直した。国際政治および外交政策の分野に偏っていた内容から、経済、科学、文化、教育、軍事、体育などにも掲載範囲を広げた。外国情報の多角的な紹介を通してソフトパワーを注入する狙いがあった。改革開放を早期に軌道に乗せるには外国情報が不可欠であったとも言える。

文革に終止符をやっと打ったときで、外国情報をシャットアウトしていた鎖国状態から開国した直後のことである。日進月歩の欧米・日本の情報がのどから手が出るほどほしいという事情があったのである。鄧小平もその一人であった。鄧小平は一九二〇年十月十九日から一九二六年一月までフランスの工場で働きながら自費留学をした。中国の外への関心が大変高かったとされる。それは訪日にも窺うことができる。七八年十月二十二日から二十九日の間、日本を訪問した。目的を「国の不老不死の薬探し」とたとえて「日本成功の経験」を探しにきたと語った。中国共産党第一一回三中全会は訪日から二カ月後の十二月十八日の開催である。改革開放政策の起動が決まったが、最高実力者だった鄧小平の胸に訪日で得られたものが影響したに違いない。この延長線にあるとみられるのが、翌七九年、鄧小平による『参考消息』の高評価である。改革開放政策の仕掛け人の立場から、『参考消息』の内容がまさに改革開放政策推進の薬と映ったのかもしれない。『参考消息』を介して世界各国の先進的な情報を日々吸収しようという欲求が強まったのも無理もないと思われる。

九七年、毛沢東指示の『参考消息』拡大発行から四〇周年の記念にあたり、国家主席江沢民が題辞した。「参考消息の特殊作用を発揮して、二つの文明建設に仕えよう」であった。「二つの文明」は物質文明と精神文明を指した。当時の総理李鵬も「国際の風雲を縦観した参考消息を提供しよう」と題辞した。二人の題辞から、『参考消息』を特別扱いしていたことが分かるであろう。逆から言えば、当時において中国国内に外国関係の情報紙が少なかった事情が見えてくる。また、党・政府の目にかなう外国情報紙がほとんどない現実が見え隠れする。

『参考消息』の購読ができるのは中国国内に限られている。国内に印刷所が三六カ所。少数民族の購読を考え、ウイグル語、モンゴル語、朝鮮語などの版もある。『参考消息』が新華社に属していることは前述したが、編集部の専門記者と編集者が約二〇〇人。そのうち、日本担当が約二〇人。全員が日本語の読み書き能力を持っているという。日本担当のリーダーが何徳功という高級記者である。

何徳功記者は五七年四月生まれ。一九七七八年三月河南大学中文学部に入学。八二年から同大学の教員。八五年から在職しながら同大学修士課程で文学を学んだ。八七年に修士号を修得、八八年に中国社会科学院研究生院(大学院)文学博士専攻に進み九二年七月に文学博士号を取った。その間九〇年四月から約一年、東京大学客員研究員（中国国費)。その後『参考消息』の記者になった。記事の多くが反響を呼び、〇一年から『参考消息』編集部副編集長の肩書で東京特派員として日本情報を発信している第一線記者である。

25　自国文化を知る

中国では自国の文化研究を通して誇りを抱く。日本人の研究者は西欧の研究に熱を上げるが、日本文化の研究者の影が薄いのは不思議である。総じて、日本には、自国文化を知ることが異文化を知る基礎であるという認識が薄いように思われる。日本文化の国際性を進化させるためには、日本文化を異文化圏の人々に理解されるように説明できなければならない。この基本的な問題意識を強く持ってほしい。

敗戦後の日本は戦争に対する反省を基にして文化大国への建設に奮い立ったが、いつの間にか「文化」が置き去りにされ、経済を優先する経済大国になってしまった。その後、「失われた十年」が続き、基軸を見失う状況が続いている。このときこそ、日本の外を見回してみれば新しい発見に気づかされるであろう。日本が発信する生活文化、大衆文化が世界から歓迎されている。そこにはソフトパワーが存在している。それを外国では見出し、活用している。日本にとってはそれこそ忘れられたかつての「文化大国」を蘇らせる契機ではなかろうか。特に戦争の被害地域アジアで広がっている日本文化ブームが鏡となり、日本の平和発信の可能性を映してくれている。アジアの希望として理解してもよかろう。

ただし、日本の文化に対する「内」の在り方と、「外」からの受け止め方に「ずれ」があるように思われる。静かに拡大しつつある「ずれ」を深刻に考慮し、アジア的価値観への認識を再考すべき機会として真剣に向き合うよう、心から願う次第である。

※第６章は、法政大学国際日本学研究所編・21世紀ＣＯＥ国際日本学研究叢書２『国際日本学の構築に向けて』（二〇〇五年十二月）に掲載の「中国における日本研究の研究を中心に——国際日本学研究方法論試論」をベースに大幅に修正した。

日本文学作品の中国語訳リスト

著者名	日本語版オリジナルタイトル	中国語翻訳タイトル
伊坂幸太郎	重力ピエロ	重力小丑
	死神の精度	死神的精確度
乙一	暗黒童話	暗黒童話
	夏と花火と私の死体	夏天　煙火　我的屍体
角田光代	八日目の蝉	第八日的蝉
太田忠司	黄金蝶ひとり	一枚黄金蝶
渡辺淳一	くれなゐ	紅花
	光と影	光与影
	女優	女優
	リラ冷えの街	紫丁香冷的街道
	うたかた	泡沫
	流氷への旅	流氷之旅
	かりそめ	浮休
	野わけ	秋寒
	氷紋	氷紋
	パリ行最終便	飛往巴黎的末班機
	無影燈	無影灯
殊能将之	ハサミ男	剪刀男
よしもとばなな	キッチン	厨房
	虹	虹
赤川次郎	吸血鬼はお年ごろ	妙齢吸血鬼
太宰治	人間失格	人間失格
	女生徒	女生徒
	斜陽	斜陽
重松清	流星ワゴン	流星旅行車
島田荘司	切り裂きジャック・百年の孤独	開膛手傑克的百年孤寂
	漱石と倫敦ミイラ殺人事件	被詛咒的木乃伊
	Ｙの構図	Ｙ之構造
	暗闇坂の人食いの木	黒暗坡食人樹
	確率２／２の死	死亡概論２／２
	出雲伝説７／８の殺人	出雲伝説７／８殺人事件
	北の夕鶴２／３の殺人	北方夕鶴２／３殺人事件
	消える「水晶特急」	消失的“水晶特快”
	異邦の騎士	異邦騎士
	寝台特急「はやぶさ」1／60秒の壁	寝台特急１／６０秒障碍
	御手洗潔の挨拶	御手洗潔的問候
	展望塔の殺人	展望塔上的殺人
岩井俊二	スワロウテイル	燕尾蝶
	ラヴレター	情書

著者名	日本語版オリジナルタイトル	中国語翻訳タイトル
東野圭吾	放課後	放学後
	幻夜	幻夜
	ガリレオの苦悩	伽利略的苦悩
	手紙	信
	変身	変身
	悪意	悪意
	聖女の救済	聖女的救済
大江健三郎	万延元年のフットボール	万延元年的足球
	臈たしアナベル・リイ　総毛立ちつ身まかりつ	優美的安娜貝爾・李寒徹顫栗早逝去
司馬遼太郎	義経	源義経：鎌倉戦神
	覇王の家	徳川家康
村上龍	69　sixty nine	69　sixty nine
川上美映子	乳と卵	乳与卵
遠藤周作	沈黙	沈黙
万城目学	鹿男あをによし	鹿男
筒井康隆	時をかける少女	穿越時空的少女
津本陽	夢のまた夢	豊臣秀吉 1、2
宮部みゆき	火車	火車
山崎豊子	白い巨塔	白色巨塔
	華麗なる一族	浮華世家
綿矢りさ	夢を与える	夢女核
青山七恵	窓の灯	窓灯
柳美里	命	命
	声	声
	生	生
	魂	魂
京極夏彦	鉄鼠の檻	鉄鼠之檻（上下）
	狂骨の夢	狂骨之夢
	魍魎の匣	魍魎之匣（上下）
内田康夫	イタリア幻想曲（貴賓室の怪人 II）	意大利幻想曲
横光利一	蠅	蒼蠅
長嶋有	夕子ちゃんの近道	夕子的近道
道尾秀介	向日葵の咲かない夏	向日葵不開的夏天
坂口安吾	不連続殺人事件	不連続殺人事件
	明治開化　安吾捕物帖	明治開化　安吾捕物帖（上下）
泉鏡花	高野聖	高野聖僧
陳舜臣	江は流れず　小説日清戦争	甲午戦争
	太平天国	太平天国

著者名	日本語版オリジナルタイトル	中国語翻訳タイトル
森村誠一	星のふる里	生命的交叉
	凶通項	致命相似
	恐怖の骨格	恐怖之谷
	黒の十字架	黒色十字架
	終着駅	終点駅
	誇りある被害者	死亡接力
	死定席	死亡座席
野坂昭如	火垂るの墓	蛍火虫之墓
夏樹静子	量刑	量刑
	見えない貌	看不見的臉
	遠ざかる影	逝去的影子
大阪圭吉	銀座幽霊	銀座幽霊
市川拓司	セパレーション	傷離別
石田衣良	アキハバラ@DEEP	秋葉原@DEEP
村山由佳	星々の船	星星舟
	天使の梯子	天使之梯
辻仁成	嫉妬の香り	不倫之恋
三島由紀夫	仮面の告白	仮面自白
	潮騒	潮騒
	愛の渇き	愛的飢渇
林真理子	anego	三十歳的女人
片山恭一	雨の日のイルカたちは	雨天的海豚們
	きみの知らないところで世界は動く	世界在代你不知道的地方運転
夢野久作	ドグラ・マグラ	脳髄地獄
真山仁	ハゲタカ	禿鷹　席巻大洋彼岸的資本風暴

出典：『人民中国』人民中国雑誌社、2010年2月号

感謝!!　――終わりに代えて

この小著は、著者略歴に掲載されている拙著のほかに、以下の共著で発表してきた拙論・拙文と重複しているところがありますが、そっくり転載ではなく、いずれも内容など研究の進行に合わせてほぼ全文を改めています。本書執筆のベースとなっている拙論拙文が掲載された主な書誌は次の通りです。

・『日中相互認識のずれ』勉誠出版、二〇〇五年
・『アジアネットワークリポート2005』朝日新聞社、二〇〇五年
・『文化が地域を創る　とかち創生塾講演録　第二集』十勝毎日新聞社、二〇〇五年
・『国際日本学の構築に向けて』（21世紀ＣＯＥ国際日本学研究叢書2）法政大学国際日本学研究センター、二〇〇五年
・『東アジア共生モデルの構築と異文化研究――文化交流とナショナリズムの交錯』（21世紀Ｃ

ＯＥ国際日本学研究叢書３）法政大学国際日本学研究センター、二〇〇五年
・『グローバル化時代の日本人』勉誠出版、二〇〇六年
・『どう拓く日中関係・政令経熱と「文温」の可能性』かもがわ出版、二〇〇六年
・『世界中的日本文化――摩擦与融合』中国国際文化出版公司、二〇〇六年
・『曙光４「日中文化交流の明日」』翰林書房、二〇〇六年
・『つながる環境　海・里・山』角川学芸出版、二〇〇七年
・『中国古典ジョーク集』実業之日本社、二〇〇七年
・『相互理解としての日本研究――日中比較による新展開』（21世紀ＣＯＥ国際日本学研究叢書５）法政大学国際日本学研究センター、二〇〇七年
・『国際日本学――ことばとことばを越えるもの』（21世紀ＣＯＥ国際日本学研究叢書７）法政大学国際日本学研究センター、二〇〇七年
・『宮沢賢治大事典』勉誠出版、二〇〇七年七月
・『平山郁夫対談集・芸術がいま地球にできること』芸術新聞社、二〇〇七年
・『外から見た〈日本文化〉』法政大学出版局、二〇〇八年
・『中国人の日本研究――相互理解のための思索と実践』（国際日本学研究叢書９）法政大学国

際日本学研究センター、二〇〇九年
・『日本と東アジアの潮流』丸善、二〇〇九年
・『文化差異与衝突：中日文化精神与国民性的社会学比較』中国・遼寧人民出版社、二〇〇九年
・『国際日本学』第1――7号　法政大学国際日本学研究センター、二〇〇三―二〇〇九年

最後になりましたが、日中の多くの先賢の方々に学び、教えられました。お礼を申し上げます。三和書籍と、加筆修正などに根気強くお付き合いくださいました下村幸一編集長に深謝いたします。

桜と桃の咲くころ・二〇一〇年

王　敏

【著　者】

王　敏（ワン・ミン、おう・びん）

1954年中国·河北省承徳市生まれ。大連外国語大学日本語学部卒業、四川外国語学院大学院修了。宮沢賢治研究から日本研究へ、日中の比較文化研究から東アジアにおける文化関係の研究に進む。人文科学博士（お茶の水女子大学）。法政大学教授、上海同済大学客員教授。早稲田大学や関西大学などの客員教授を歴任。「文化外交を推進する総理懇談会」や「国際文化交流推進会議有識者会合」など委員も経験。現在、日本ペンクラブ国際委員、かめのり財団理事、朝日新聞アジアフェロー世話人など。

90年に中国優秀翻訳賞、92年に山崎賞、97年に岩手日報文学賞賢治賞を受賞。2009年に文化庁長官表彰。

主著：『日本と中国　相互誤解の構造』（中公新書）、『日中2000年の不理解——異なる文化「基層」を探る』（朝日新書）、『謝々！宮沢賢治』（朝日文庫）、『宮沢賢治、中国に翔る想い』（岩波書店）、『宮沢賢治と中国』（国際言語文化振興財団）、『日中比較・生活文化考』（原人舎）、『中国人の愛国心——日本人とは違う５つの思考回路』（PHP新書）、『ほんとうは日本に憧れる中国人——「反日感情」の深層分析』（PHP新書）、『花が語る中国の心』（中公新書）など。

共著：『＜意＞の文化と＜情＞の文化』（中公叢書）、『君子の交わり　小人の交わり』（中公新書）、『中国シンボル・イメージ図典』（東京堂出版）、『中国人の日本観』（三和書籍）、『日中文化の交差点』（三和書籍）など。

要訳：『西遊記』、『三国志』、『紅楼夢』など

中国語作品：『生活中的日本——解読中日文化之差異』、『宮沢賢治傑作選』、『宮沢賢治童話選』、『異文化理解』など多数。

美しい日本の心

2010年　3月　31日　　第1版第1刷発行

著　者　王　敏

発行者　高　橋　考

発行所　三　和　書　籍

〒112-0013　東京都文京区音羽2-2-2
TEL 03-5395-4630　FAX 03-5395-4632
sanwa@sanwa-co.com
http://www.sanwa-co.com

印刷所／製本　モリモト印刷株式会社

©2010 Wang Min

乱丁、落丁本はお取り替えいたします。価格はカバーに表示してあります。

ISBN978-4-86251-080-8 C1039

三和書籍の好評図書

Sanwa co.,Ltd.

冷戦　国際連合　市民社会

――国連 60 年の成果と展望

浦野起央著　A5 判　上製本　定価：4,500 円＋税

●国際連合はどのようにして作られてきたか。 東西対立の冷戦世界においても、普遍的国際機関 としてどんな成果を上げてきたか。そして 21 世紀へ の突入のなかで国際連合はアナンの指摘した視点と現実の取り組み、市民社会との関わりにおいてどう位置付けられているかの諸点を論じたものである。

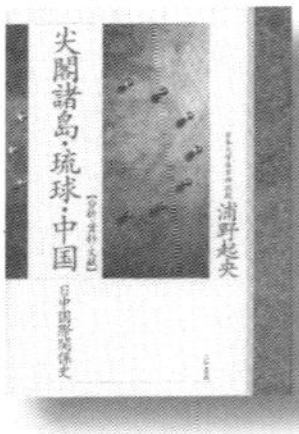

増補版　尖閣諸島・琉球・中国

【分析・資料・文献】

浦野起央著　A5 判　上製本　定価：10,000 円＋税

●日本、中国、台湾が互いに領有権を争う尖閣諸島問題……。
筆者は、尖閣諸島をめぐる国際関係史に着目し、各当事者の主張をめぐって比較検討してきた。本書は客観的立場で記述されており、特定のイデオロギー的な立場を代弁していない。当事者それぞれの立場を明確に理解できるように十分配慮した記述がとられている。

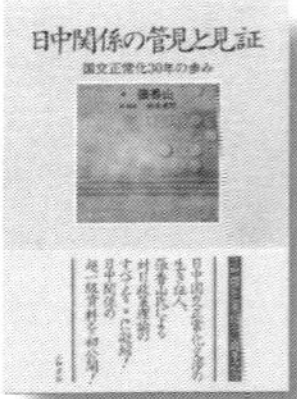

日中関係の管見と見証

＜国交正常化 30 年の歩み＞

張香山著／鈴木英司訳　A5 判　278 頁　上製本

3,200 円＋税

●国交正常化 30 周年記念出版。日中国交正常化では外務顧問として直接交渉に当たり日中友好運動の重鎮として活躍してきた張香山自身の筆による日中国交正常化の歩み。両国関係を知るうえで欠かせない超一級資料。

毛沢東と周恩来

トーマス・キャンペン　著／杉田米行　訳

四六判　230 頁

上製本　2,800 円＋税

●筆者トーマス・キャンペンが、アメリカ、ドイツ、スウェーデンなどで渉猟した膨大かつ貴重な資料をもとに、1930 年から 1945 年にかけての毛沢東と周恩来、そして 28 人のボリシェヴェキ派と呼ばれる幹部たちの権力闘争の実態を徹底検証した正に渾身の一冊。

三和書籍の好評図書

Sanwa co.,Ltd.

国際日本学とは何か？

日中文化の交差点

王　敏 編 A5 判 344 頁 定価 :3,500 円＋税

●国際化が加速するにつれ、「日本文化」は全世界から注目されるようになった。このシリーズでは、「日本文化」をあえて異文化視することで、グローバル化された現代において「日本」と「世界」との関係を多角的に捉え、時代に即した「日本」像を再発信していく。

近年、さまざまな方面で日中両国間の交流が盛んに行われている。本書では、「日本文化」研究の立場から日中の文化的相似や相違を分析・解説し、両国の相互理解と文化的交流の発展を促進する一冊である。

【目次】

総論　比較を伴った文化交流……王　敏

Ⅰ　日中比較文化篇

◉一九六〇年代の日中文化交流をめぐる一考察……孫　軍悦
◉日中広告文化の違い……福田　敏彦
◉日中齟齬の文化学的研究……李　国棟
◉日中両国近代実業家の儒学観……于　臣
◉日本人の伝統倫理観と武士道……谷中　信一
◉文化象徴による接近……濱田　陽
◉日本文化をどう理解すべきか……楊　暁文

Ⅱ　日中比較コミュニケーション篇

◉戦後六〇年の日本人の中国観……厳　紹璗
◉日中の異文化コミュニケーションと相互理解における阻隔……劉　金才・尚　彬（翻訳：坂部晶子）
◉日中相互認識とナショナリズム……王　新生
◉東アジアにおける対話の土台づくり……羅　紅光
◉日中のコミュニケーション方略に関する一考察……高橋　優子
◉戦前日中政治衝突と文化摩擦の一幕……徐　氷
◉グローバル化社会における　日本語教育の目標及びそのモデルの立体的構築……王秀文

おわりに　日中文化研究に関する幾つかの視点……王　敏

三和書籍の好評図書

Sanwa co.,Ltd.

国際日本学とは何か？

中国人の日本観

王　敏 編 A5 判 433 頁 定価 :3,800 円＋税

●本書は、中国の研究者の視点による「異文化」という観点から日本文化を再発見・再発掘し、日本文化研究に新局面を切り開く論文集である。

【目次】

中国における日本研究の概観

◉中国の日本研究――回顧と展望―― ……… 李　玉

◉中国の日本史研究
――日本研究論著の統計的分析を中心に―― ……… 李　玉

◉現代中国における日本文学の紹介
――日本文化の一環として―― ……… 王　敏

時代を追う日本観の変容

◉唐宋詩人の「日本」の想像 ……… 葉　国良

◉近代における中国人の日本観の変遷 ……… 王　暁秋

◉近代文化論から見た李春生の日本観 ……… 徐　興慶

◉ 20 世紀 10―20 年代中国の教科書に見る日本像 ……… 徐　氷

◉中国映画の中の日本人像 ……… 孫　雪梅

◉日本留学時期の周恩来の日本観 ……… 胡　鳴

受容された日本の文学と言語

◉中国近代文学の発生と発展における中日関係 ……… 李　怡

◉清末民初における日本語文学漢訳題材の特徴を論じる ……… 付　建舟

◉五四時期の「小詩」による俳句の取り込みについての総論 ……… 羅　振亜

◉「憂い顔の童子」――森の中の孤独な騎士―― ……… 許　金龍

◉「僑詞」の帰順と近代中日文化の相互作用 ……… 馮　天瑜

日中文化研究

◉新しい日本と新しい中国とを結ぶべき紐 ……… 楊　剣龍

◉中国人の日本における国際理解に関する研究 ……… 楊　暁文

◉新渡戸稲造と日本の文化外交 ……… 劉　岸偉

◉「変節」に寛容な日本的現象 ……… 王　敏

◉転向と向き合う作家・辻井喬論 ……… 王　敏